地理人生系列 | 刘君德主编

我的地理人生 3
中国省区市的影像足迹与思考（四卷本）
第一卷 中国东部北区

刘君德 著

东南大学出版社
·南京·

内容提要

本书是中国地理学家、华东师范大学终身教授、国务院学位委员会首批区域地理学专业博士生导师、中国地理学会终身成就奖获得者刘君德教授在改革开放以来对全国三十四个省区市进行过多次考察的基础上，对各省区市相关地理问题进行思考和研究的成果。全书分四卷——第一卷为中国东部北区、第二卷为中国东部中区、第三卷为中国东部南区、第四卷为中国西部地区，将全国三十四个省区市划分为十个地理单元（十章），以各省区市考察的足迹为线索，以区域和城市为重点，对涉及的自然环境与经济、社会、生态、政区等重要的地理问题进行探讨。四卷本图文并茂，问题思考配以现场照片加以阐述，内容由中国人民大学历史地理学者、清史专家华林甫教授等人协助校对。

本书可供地理学、行政学、区域经济学、历史学、旅游学、国土—区域规划、城市规划及相关专业研究者、教师和学生，政府部门工作者，以及对该领域有兴趣的社会人员阅读与参考。

图书在版编目(CIP)数据

我的地理人生. 3，中国省区市的影像足迹与思考：四卷本 / 刘君德著. -- 南京：东南大学出版社，2024. 12. --（地理人生系列 / 刘君德主编）. -- ISBN 978-7-5766-1701-6

Ⅰ. K92-53

中国国家版本馆 CIP 数据核字第 2024LD7959 号

责任编辑：孙惠玉　　责任校对：子雪莲　　封面设计：王玥　黄永砥　　责任印制：周荣虎

我的地理人生 3：中国省区市的影像足迹与思考（四卷本）· 第一卷　中国东部北区
WO DE DILI RENSHENG 3：ZHONGGUO SHENG QU SHI DE YINGXIANG ZUJI YU SIKAO (SI-JUAN BEN) · DI-YI JUAN　ZHONGGUO DONGBU BEIQU

著　　者：刘君德
出版发行：东南大学出版社
出 版 人：白云飞
社　　址：南京市四牌楼 2 号　邮编：210096
网　　址：http://www.seupress.com
经　　销：全国各地新华书店
排　　版：南京布克文化发展有限公司
印　　刷：南京艺中印务有限公司
开　　本：890 mm×1 240 mm　1/16
印　　张：65（四卷）· 第一卷 16.75
字　　数：1 788 千（四卷）· 第一卷 460 千
版　　次：2024 年 12 月第 1 版
印　　次：2024 年 12 月第 1 次印刷
书　　号：ISBN 978-7-5766-1701-6
定　　价：399.00 元（四卷）

本社图书如有印装质量问题，请直接与营销部联系（电话：025-83791830）

四卷本作者

刘君德，1937年生，中国地理学家。华东师范大学终身教授，国务院学位委员会首批区域地理学专业博士生导师（1990年8月）。

1937年4月出生于江苏泰兴。1959年毕业于华东师范大学地理系，留校从事人文—经济地理学教学与研究。历任地理系副系主任、系主任，城市和区域发展研究所所长，中国科学院南方山区科学考察队第三分队队长（1983—1987年）。1990年民政部批准在华东师范大学设立中国行政区划研究中心，任主任至2014年。

曾任中国地理学会经济地理专业委员会副主任委员、中国区域科学协会副会长、上海市地名学会会长；《大辞海》（中国地理卷）主编，《中国人文地理丛书》《地理学报》编委，《经济地理》杂志副主编；同济大学、河南大学等兼职教授。

中国现代政区地理学的开拓者，首创"行政区经济"概念，构建了中国政区地理学的理论体系和学科体系，主持和参加一系列行政区划调整、优化的科学实践。培养行政区划方向的高层次人才数十名，多名博士后出站。荣获中国地理学会终身成就奖。

主持的课题"江苏省苏锡常地区行政区划改革研究"获教育部首届全国高校人文社会科学优秀成果一等奖（1995年），"上海市行政区划体制改革与浦东新区建制镇区划调整及城镇发展战略研究"获上海市决策咨询研究成果一等奖（2001年）等。

主编出版《中国行政区经济与改革》和《当代中国城市—区域权力空间制度研究丛书》（"十二五"国家重点图书出版规划项目）；著有《中国行政区划的理论与实践》《中国政区地理》《我的地理人生：涉足山区·致力政区·钟情社区》《我的地理人生2：山区·政区·社区研究文集》等。

四卷本前言

在我 70 岁（2007 年）退休之后，东南大学出版社先后出版了《我的地理人生：涉足山区·致力政区·钟情社区》（2017 年）、《我的地理人生 2：山区·政区·社区研究文集》（2020 年）。接下来我想做的一件事就是把我考察、参会、旅游等过程中积累的大量照片，进行分类整理，打算写一部《中国省区市的影像足迹与思考》，比较系统、形象地表述我的地理人生经历，并对各省区市的地理问题进行一番思考。以省区市为空间对象，以影像和足迹记录、思考地理问题，这在目前公开出版的中国地理书籍中尚属罕见。

东南大学出版社城市工作室的编辑同志得知上述设想，表示愿意出版。从 2018 年下半年起，我全力以赴地投入了我喜欢做的这件事，包括不惜工本，自费赴许多省区考察观光，体验省情、市情、乡情，补充影像的不足。历经三年半，于 2021 年底完成了四卷初稿。初稿文字和照片配置的总页码超过 1 500 页！出版社提出书名完善和内容设计后，双方就书稿目录进行了前后十几轮的反复沟通、斟酌和完善工作。我又花费几个月的时间对正文进行修改、压缩和初步排版工作。

准备交稿之时，出版社传来信息，由于纸张等因素，"出版费用提升"。四卷本全彩出版，需要一笔不少的费用……最后，出版社设法给出折中优化方案，并倾力给予优惠照顾。

当我还想动摇出版念头之时，我的单位——华东师范大学城市和区域科学学院、中国行政区划研究中心伸出了援助之手，全力支持出版。我非常高兴，并由衷感谢！同时，也感谢东南大学出版社城市工作室一贯的支持、关心！

四卷本按照中国国土的地理方位，以京津冀、长三角、大湾区和成都—重庆经济走廊四大城市群为核心，将中国地理区域划分为中国东部北区、中国东部中区、中国东部南区以及中国西部地区四大板块。

第一卷：中国东部北区，含京津冀（北京、天津、河北）、晋鲁（山西、山东）、辽吉黑（辽宁、吉林、黑龙江），共三大区域的 8 个省市。

第二卷：中国东部中区，含沪苏浙皖（上海、江苏、浙江、安徽）、豫鄂湘赣（河南、湖北、湖南、江西），共两大区域的 8 个省市。

第三卷：中国东部南区，含闽粤桂琼（福建、广东、广西、海南）、港澳台（香港、澳门、台湾），共两大区域的 7 个省区（自治区、特别行政区、地区）。

第四卷：中国西部地区，含渝川云贵（重庆、四川、云南、贵州）、陕甘宁（陕西、甘肃、宁夏）、蒙新青藏（内蒙古、新疆、青海、西藏），共三大区域的 11 个省区市。

四卷本目录

四卷本作者
四卷本前言

第一卷　中国东部北区

第一章　京津冀

（一）北京市　（二）天津市　（三）河北省

第二章　晋鲁

（四）山西省　（五）山东省

第三章　辽吉黑

（六）辽宁省　（七）吉林省　（八）黑龙江省

第二卷　中国东部中区

第四章　沪苏浙皖

（九）上海市　（十）江苏省　（十一）浙江省　（十二）安徽省

第五章　豫鄂湘赣

（十三）河南省　（十四）湖北省　（十五）湖南省　（十六）江西省

第三卷　中国东部南区

第六章　闽粤桂琼

（十七）福建省　（十八）广东省　（十九）广西壮族自治区　（二十）海南省

第七章　港澳台

（二十一）香港特别行政区　（二十二）澳门特别行政区　（二十三）台湾省（地区）

第四卷　中国西部地区

第八章　渝川云贵

（二十四）重庆市　（二十五）四川省　（二十六）云南省　（二十七）贵州省

第九章　陕甘宁

（二十八）陕西省　（二十九）甘肃省　（三十）宁夏回族自治区

第十章　蒙新青藏

（三十一）内蒙古自治区　（三十二）新疆维吾尔自治区　（三十三）青海省　（三十四）西藏自治区

四卷本后记

第一卷 中国东部北区

第一卷前言

本卷包括京津冀、晋鲁、辽吉黑三大区域的八个省市，位于中国东部区域的北部，涵盖华北、东北两大平原及其外侧的黄土高原和山区丘陵，以及渤海湾区南北相望的两个半岛（辽东半岛与山东半岛），政治—经济地理位置十分重要。

以首都北京为核心，以环渤海为地理背景的京津冀，是中国的政治、历史文化中心，经济集聚的核心区域之一，也是全球重要都市圈之一。区内人口众多，经济发达，城镇密集，特色显著，在国内外具有强大的政治、经济、文化影响力。三大区域之间、省区之间地理环境和经济发展水平落差较大，经济的关联性不足。

需要指出的是，位于（山海）关外的东北地区是一个相对独立的经济地理区域，近若干年来经济下滑明显，人口尤其是人才外流严重，基于内外环境等多种因素，短时期内，区域经济发展难以有重大突破，极需借力首都北京强大的行政力、科技力，京津冀经济、社会的影响力和市场的辐射力推进，并根据自身的特点和优势调整战略。在当今复杂的国际形势下，东北地区的南向发展是一个值得积极推崇、务实的大空间战略。山东、山西两省位于京津冀核心区外围东西两侧，与中国东部、中部的联系较多，但同样需要借力首都经济圈的强大辐射，促进发展。

本卷收录94个篇目，我的影像足迹重点偏重于东部北区的核心区域——京津冀地区。

第一卷目录

第一卷前言

第一章　京津冀 ……………………………………………… 001

(一) 北京市 …………………………………………………… 002
    1. 首都北京：国家的象征 ……………………………… 002
    2. 天安门：首都的象征 ………………………………… 004
    3. 国务院：国家行政治理结构与空间战略 …………… 007
    4. 教育部：难忘的历史性学位会议 …………………… 008
    5. 民政部：中国行政区划研究中心在华东师范大学诞生
      …………………………………………………………… 009
    6. 建设部：城市规划中的行政区划及社区 …………… 010
    7. 生态环境部：参加"生态省"评审会的感悟 ……… 011
    8. 三入人民大会堂 ……………………………………… 012
    9. 首都功能的演进与变革 ……………………………… 012
    10. 东城区·西城区：区划调整的得与失 …………… 016
    11. 友谊宾馆·回龙观：山区考察时期的常客 ……… 019
    12. 在故宫博物院·天坛·颐和园·长城八达岭留影 …… 020
    13. 北京大学·中国人民大学 ………………………… 027
    14. 全聚德：吃北京烤鸭的故事 ……………………… 028
    15. 北京站·北京南站 ………………………………… 029
    16. 首都规划建设问题之我见 ………………………… 031

(二) 天津市 …………………………………………………… 034
    17. "双城"结构下的行政区划 ……………………… 034
    18. "双核"直辖市 …………………………………… 035
    19. 海河：天津的母亲河 ……………………………… 037
    20. 海河上的桥 ………………………………………… 040
    21. 望海楼教堂的历史故事 …………………………… 044
    22. 漫步于历史文化街区：古文化街·五大道·意式风情区
      …………………………………………………………… 045
    23. 世界等级最高的人工深水港：天津港 …………… 049
    24. 半壁江山：滨海新区 ……………………………… 051
    25. 长芦盐场·大港油田 ……………………………… 054

26. 西北角的巨变 ·· 056
27. 说说西关街 ·· 060
28. 居住过的花园社区：富力城 ································ 060
29. 红极一时的大邱庄镇 ··· 063
30. 运河漕运枢纽：杨柳青镇 ··································· 064
31. 好奇：看天津人冰钓 ··· 064
32. 新冠疫情下难忘的天津椿萱茂·璟湾107天 ········· 066
33. 首都影响下天津的发展 ······································ 070

（三）河北省 ·· 071
34. 太行山下，华北平原的腹地 ······························ 071
35. 非首都功能转移与雄安新区建设 ······················· 073
36. 省会城市石家庄的新定位 ·································· 075
37. 参观西柏坡纪念馆 ·· 078
38. 省域大港：唐山·秦皇岛·黄骅 ························· 080
39. 走进环京津贫困带 ·· 082
40. 入住涞水县，参观野三坡地质博物馆 ················ 085
41. 路经涿州·涿鹿 ··· 089
42. 考察张北高原战略重镇：张家口 ······················· 091
43. 与恩师严重敏先生在承德 ·································· 094
44. 杂技之乡吴桥：曾经的水污染之痛 ···················· 096
45. 一个被"肢解"省份发展的思考 ······················· 098

第二章　晋鲁 ·· 100

（四）山西省 ·· 101
46. 太行山之西，黄土覆盖的高原省份 ··················· 101
47. 晋商：历史的辉煌 ·· 103
48. 世界文化遗产：云冈石窟·平遥古城·五台山 ··· 105
49. 依山而建的城堡式建筑群：王家大院 ················ 112
50. 黄河之行（一）：壶口瀑布 ······························ 115
51. 黄河之行（二）：黄河蛇曲国家地质公园 ·········· 119
52. 黄河之行（三）：古镇碛口 ······························ 121
53. 登雁门关 ··· 125
54. 感悟太原老城·大同新城 ··································· 128
55. 贫困山区吕梁的考察 ··· 133
56. 大寨的记忆 ·· 135
57. 山西省地理问题与战略思考 ······························ 136

（五）山东省 ·· 139
58. 齐鲁大地，经济大省 ··· 139
59. "分水岭"黄河 ··· 142
60. 济南：强省会战略？ ··· 144

61. 青岛：蓝色战略 ················· 149
62. 烟台·威海：半岛北翼双中心城市 ················· 152
63. 济宁·曲阜·泰安：省域南翼中心城市 ················· 161
64. 苍山县更名为兰陵县的论证 ················· 165
65. 双中心大省的空间战略思考 ················· 170

第三章　辽吉黑 ················· 172

（六）辽宁省 ················· 173

66. 城市化省·经济强省 ················· 173
67. 东北地区唯一拥有海洋·海岸·海岛优势的省份 ················· 175
68. "共和国装备库"的雄风 ················· 177
69. "东北第一强"省会城市：沈阳 ················· 179
70. "东北门户"区域城市：大连 ················· 183
71. 难忘旅顺口 ················· 189
72. 本溪·鞍山·抚顺：曾经的辉煌与出路 ················· 191
73. 离开沈阳，路经开原服务区 ················· 193
74. 瓦房店市的村级区划调整调查 ················· 194
75. 沈阳·大连：谁是东北老大？ ················· 196

（七）吉林省 ················· 198

76. 大空间认识吉林 ················· 198
77. 中国农业强省 ················· 199
78. 汽车·石化工业大省 ················· 201
79. 省会城市变迁：吉林→长春 ················· 204
80. 参观伪满皇宫博物院 ················· 208
81. 艰难登上长白山天池 ················· 209
82. 夜宿延边朝鲜族自治州首府：延吉市 ················· 211
83. 路过吉黑边界，前往镜泊湖 ················· 214
84. 吉林省发展的战略思考 ················· 216

（八）黑龙江省 ················· 217

85. 纬度最北·经度最东的省份 ················· 217
86. 大平原·黑土地·天然林区 ················· 219
87. 全国最大的重型机械工业基地 ················· 222
88. 从北大荒到北大仓 ················· 223
89. 省会哈尔滨 ················· 225
90. 俄式风情与俄式商业大街 ················· 227
91. 重逢油城：大庆（一） ················· 229
92. 重逢油城：大庆（二） ················· 233
93. 大兴安岭·加格达奇：特殊的区域管理体制 ················· 234
94. 黑龙江省的空间战略思考 ················· 238

第一卷附图1：中国地理分区图一 ………………………………… 241
第一卷附图2：中国地理分区图二 ………………………………… 242
第一卷附图3：各省区市标准地图 ………………………………… 243
第一卷图片来源 …………………………………………………… 251
第一卷后记 ………………………………………………………… 254

第一章　京津冀

京津冀是指北京、天津两个直辖市及河北省共三个省级行政区，在《京津冀协同发展规划纲要》中被定位为以首都北京为核心的首都都市圈❶。2017 年 4 月，中共中央、国务院决定设立河北雄安新区，作为一个大国的"首都圈"，即"大北京"，今北京市城区、天津市城区和雄安新区（河北），将是未来京津冀的新核心区。

京津冀同处一个自然地理区域——河北平原，太行山、燕山半环抱三省市，永定河、潮白河携手三地同归渤海；三省市同宗同祖，在相当长的历史时期，曾归属为一个行政区。

自北京设为中华人民共和国首都、天津从河北分治直辖，特别是改革开放以来，在中国经济高速发展的 40 年中，京津冀一度是"三驾马车"自成体系地发展，尤其是北京的功能定位多变，影响其作为首都的政治、文化、科创中心功能的建设，也影响了天津作为北方经济中心、港口和区位优势的充分发挥，经济发展相对滞后；而河北省则出现了"环京津贫困带"。三省市之间形成合作不足、竞争有余的分割态势，制约了区域的整体性、高水平分工发展。

为加强环渤海地区及京津冀三省市的经济协作，2014 年 2 月，习近平总书记在听取京津冀协同发展工作汇报时强调，实现京津冀协同发展是一个重大国家战略，要坚持优势互补、互利共赢、扎实推进，加快走出一条科学持续协同发展的路子。2015 年 4 月 30 日，中共中央政治局会议审议通过了《京津冀协同发展规划纲要》。

京津冀协同发展，在指导思想上要打破"一亩三分地"的思维定式，发挥北京的辐射带动作用，建设以首都为核心的世界级城市群，对接河北省雄安新区规划建设，加强三省市的产业协作和转移，构建区域协同创新共同体。重点聚焦以交通为核心的基础设施统筹规划建设和区域环境治理，提高区域基本公共服务均等化程度，缩小三省市的差距。在关键举措上的重点是，努力实现京津冀的交通一体化，形成多节点、网格状、全覆盖的区域交通体系，为疏解北京非首都功能、统筹区域协调发展、形成经济发展的新增长极，为建设具有全球竞争力、可持续发展能力强的世界级城市群提供高效便捷的交通运输保障。

京津冀区域治理的核心要务是推进深化改革，强化区域发展的整体观，做好政府与市场两篇大文章，充分发挥政府的引领作用，发挥市场的决定性作用，推进三省市的合作分工，实现公平的市场竞争，共谋区域均衡发展。

---

❶ 指北京、天津两个直辖市及河北省的保定、廊坊、唐山、秦皇岛、沧州、承德、张家口和石家庄 8 个地级市，简称"2+8"模式。

（一）北京市

1. 首都北京：国家的象征

北京，简称京，是中华人民共和国的首都、中央直辖市。它地处华北平原，为河北省环绕，东侧与天津市相接，是中国的政治、文化中心，科技、教育中心，金融、信息中心，其交通、通信发达，为中国最大的通往国内各省区市和世界各国的交通枢纽。北京市下辖16个区，其面积约为1.7万平方千米、常住人口2 190万（2020年），市内交通呈环状结构特点可以参见第一卷图1-1。

北京，战国时为燕国都城。秦置蓟县，唐时称燕京，金时建都，称中都，元为大都，明洪武元年（1368年）为北平府，永乐元年（1403年）改为北京，永乐十九年（1421年）定都于此，称京师，习称北京，清沿袭明制，民国元年（1912年）亦为都城，1928年设北平特别市，1930年改北平市，1949年10月1日中华人民共和国成立，建为首都，改设北京市。1956年、1958年，先后从河北省划入昌平、通县、顺义、大兴、良乡、房山、怀柔、密云、平谷、延庆等县。区县政区多有变动。

北京历史悠久，文化灿烂，为中国七大古都之一。如今的北京市经济发达，是一个处于经济结构转型、空间布局结构大调整中的国际化大都市，一个国人敬仰、世人向往的城市。作为首都，北京的核心功能是政治、文化和科技，服务好中央政务是北京及京津冀协同发展的核心任务。转移和分散非首都核心功能是重中之重。依据首都空间战略规划，通州将作为北京市的城市副中心，同时在河北省设立雄安新区。

数十年来，北京是我留下足迹最多的地方：第一，它是国家首都，是我向往和敬仰的城市，只要有机会就去；第二，1960年代初曾在北京大学地理系短暂进修，有许多熟悉的地方，非常亲切；第三，因工作业务关系，参加过各种类型的学术、专项考察研究等会议，与相关政府职能部门的联系较多；第四，华东师范大学设立中国行政区划研究中心之后，向民政部、建设部等部门进行专业汇报，听取工作指导，联系紧密。

一段时间，我经常奔赴北京，乘坐北京公交、地铁，对首都的商业、文化，名胜古迹，大学校区，居住的街巷，公园，工业集聚区，郊野水库等等，走走看看，思考良多；后期阶段用影像记录了在北京的点滴（第一卷图1-2至图1-5）。地理科学的综合性和建设性特点使我在数十年专业生涯中，不仅与高校和科研单位，而且与国家部委许多行政机关建立了联系。

第一卷图1-1 北京市中心城区交通结构示意图

第一卷图1-2 一名60多年党龄的中共党员

第一卷图 1-3　冬季的一个清晨从人民大会堂远眺北京天安门（2009 年 12 月）

第一卷图 1-4　北京香山美景留影（2019 年 10 月）

第一卷图 1-5　陪同赴香山的友人（2019 年 10 月）

2. 天安门：首都的象征

天安门是首都的象征，也是国人、世人关注的神圣地方。

它坐落在首都北京市的中心、故宫的南端，隔长安街与天安门广场及人民英雄纪念碑、毛主席纪念堂、人民大会堂、中国国家博物馆相望，其特殊的政治地位和杰出的建筑艺术为世人瞩目。1949年10月1日，在这里举行了中华人民共和国开国大典，毛泽东主席亲自按下电钮升起了第一面五星红旗。由此天安门被设计入国徽，成为中华人民共和国的象征。

天安门始建于明永乐十五年（1417年），是明清两代北京皇城的正门，民国十四年（1925年）的10月10日，故宫博物院成立，天安门开始对民众开放。

天安门广场面积达44万平方米，可容纳100万人举行盛大集会。作为世界最大的城市中心广场，它记载了中国人民不屈不挠的革命精神和英雄气概，是无数个重大政治、历史事件的发生地，五四运动、一二·九运动等，都为中国现代革命史留下了浓重的色彩，是中国从衰落到崛起的历史见证。

天安门·故宫是中华人民共和国国务院公布的第一批（1961年）全国重点文物保护单位之一，由于其厚重的历史内涵、高度浓缩的中华文明，成为国人和世人知晓的神圣之地，是世界和中国各族人民向往、敬仰的地方。

1990年10月1日，《国旗法》实施，升国旗时必须奏国歌，升国旗仪式更加庄严、隆重。从2004年6月1日起，天安门国旗护卫队每月逢"1"的3次大升旗的勤务改成每月1日进行大升旗，2018年1月1日7时36分，升国旗的历史在这一天翻开了新的一页，天安门广场升国旗仪式，首次由人民解放军仪仗队和军乐团执行。

我第一次走进北京天安门，走进故宫，是1964年的上半年，我在北京大学地理系经济地理专业学习进修时期。

当我站立在天安门前，凝视伟大领袖毛主席的肖像，仿佛听到毛主席在天安门城楼上庄严宣布：中华人民共和国成立了！中国人民站起来了！国人激动的情景似乎就在眼前！

当我走进天安门广场中央，环顾四周，广场如此宏伟、庄重，它是中国亿万人民的广场！

此后的数十年间，不知道多少次去过北京，有时间总会去天安门及附近（第一卷图2-1至图2-8）走走看看，在广场上溜达，每一次都会有所思索，中国进步了，在世界的影响力举足轻重了，成绩来之不易啊！也会思索在这里发生的许许多多的故事。

红日照耀神州，中国迈入新时代，这是一个改革开放不断深入、建设富强民主文明和谐美丽的社会主义现代化强国的新时代。

第一卷图2-1　天安门1（2019年10月）

第一卷图2-2　天安门2（2019年10月）

第一卷图 2-3　天安门 3（2019 年 10 月）

第一卷图 2-4　天安门广场的毛主席纪念堂（落成典礼于 1977 年 9 月 9 日举行。2019 年 10 月）

第一卷图 2-5　前门大街的地铁站——前门站及附近（这里是北京市重要的旅游集散地。2019 年 10 月）

第一卷图 2-6　天安门广场、长安大街步行道留影（人们喜欢在长安大街步行道享受冬季阳光的温暖。2019 年 10 月）

第一卷图 2-7　冬日的天安门、长安街留影（2019 年 12 月）

第一卷图 2-8　长安街上的环境守护人、冬季在长安街步行道上快走健身的北京人（2019 年 12 月）

3. 国务院：国家行政治理结构与空间战略

我之所以将国务院列入北京的篇目内容，主要基于两点：第一，因为国务院作为国家最高行政机构，掌控国家行政体制改革执行的大权，而行政体制改革与中国特色的人文经济地理科学理论的创新与构建密切相关，左右着中国地方经济（行政区经济）发展的方向定位、空间格局。我认为，对于学习或研究中国特色区域地理的学者和本书读者，应该关注和重视国务院发布的与地理空间发展、演进相关的行政体制改革，国家重大空间战略决策和区域发展政策。第二，因为国务院的职权中第 15 条："批准省、自治区、直辖市的区域划分，批准自治州、县、自治县、市的建置和区域划分"，也就是说，中国县（市、区）以上行政区域的划分、改革与调整是国务院的权限。政区地理的研究有必要及时关注国务院相关的法令和政策，并以此为依据。比如国务院于 2018 年 10 月颁布的《行政区划管理条例》。

1984 年、2003 年，我曾经先后给时任国务院总理赵紫阳总理、李鹏总理和回良玉副总理就南方山区振兴和行政区划问题反映过相关情况，提出过书面建议，均收到回复❶。

改革开放以来，中国分别在 1982 年、1988 年、1993 年、1998 年、2003 年、2008 年和 2013 年进行了七次规模较大的政府机构改革。国务院所属部门由 1982 年前的 52 个逐步裁并为 2020 年的 26 个。其中与地理科学高度关联的有国家发展改革委（简称发改委）、生态环境部、自然资源部、住房和城乡建设部、工业和信息化部、农业农村部、水利部、交通运输部、文化和旅游部、人力资源和社会保障部、民政部等。这些部委制定的方针政策、规划布局直接引导着中国特色地理学，特别是人文—经济地理学理论建设及地理科学工作者参与和实践的方向（第一卷图 3-1 至图 3-4）。

第一卷图 3-1　国务院办公地——新华门（位于中南海正门。2020 年 12 月）

第一卷图 3-2　中共中央、国务院办公区域——中南海远景（2020 年 12 月）

---

❶ 参见刘君德所著《我的地理人生：涉足山区·致力政区·钟情社区》一书第 69-72 页，东南大学出版社，2017 年。

第一卷图 3-3　中南海留影（2009 年 12 月）

第一卷图 3-4　与中南海相连的北海（2009 年 12 月）

4. 教育部：难忘的历史性学位会议

1981 年，国务院学位委员会召开首届学科专家评议会，审议和投票确定全国高校学科博士学位点的布局，我作为区域地理学家李春芬先生的秘书随同参加了会议，走进了教育部大门（第一卷图 4-0）。会议开了十多天。李先生是地学学科的副组长，同时是地理学科的负责人。地学组涉及地质、地貌、气象、水文、海洋、地理等多个学科，专家多达数十人。鉴于地学学科组专家中，有一半来自地质学科，经常会"控制"会场，一些"小学科"甚至连发言的机会都很少，我发现了这个问题，及时向学位办领导反映了这个情况，并建议将地学组拆分为地学（地质）一组和地学（地貌、水文、气象、海洋、地理等）二组，我的建议很快得到采纳。从此这个学位委员会分组制度代代相传，延续至今。在我的教育工作生涯中，这段经历让我难忘。

第一卷图 4-0　国务院学位委员会、教育部（1981年）

5. 民政部：中国行政区划研究中心在华东师范大学诞生

2018年3月，根据国务院机构改革方案，在民政部18项职能中与我的研究领域（行政区划与社区）相关的主要有三项：第一，指导城市居民委员会建设，制定社区工作及社区服务管理办法和促进发展的政策措施，推动社区建设；第二，拟定行政区划总体规划，负责县以上行政区域的设立、撤销、调整、更名和界线变更及政府驻地迁移的审核报批，负责省、自治区、直辖市、特别行政区排列顺序及简称的审核报批；第三，承办县以上行政区划名称、重要的自然地理实体、国际公有领域、天体地理实体和边境地名命名、更名的审核报批，拟定少数民族语地名和国外地名的汉字译写规则，规范全国地名标志的设置和管理，负责国内外标准地名图书资料的审定。简而言之，包括行政区划、地名和社区建设三项内容，涉及行政区划与地名管理司、基层政权与社区建设管理司。

20世纪80年代中后期，我在安徽皖南山区考察过程中，意外发现了行政区划变更引起的池州地区区域经济发展受阻、城市建设停滞，以及地方政府人心涣散等问题，遂上书中央，反映情况，提出建议，经调查核实处理，采纳了我的建议❶。由此，激发了我对行政区划研究的激情，从此，行政区划研究成为我地理工作的第一选项，开启了我地理人生的新起点。

90年代初，民政部崔乃夫部长、张德江常务副部长等亲自接见，支持、批准在华东师范大学设立中国行政区划研究中心，支持开展我国首项行政区划的战略研究——江苏省苏锡常地区行政区划战略研究等许多重要课题，后在行政区划与地名管理司的组织、带领下，我赴珠江三角洲及广西、湖北、内蒙古、新疆等省、自治区进行行政区划调查和行政区划规划的评审，参加各种专业的会议活动等，这些均让我得益匪浅。在推进城市社区建设高潮中，我又得到民政部基层政权与社区建设司的支持，在华东师范大学成立中国城市社区建设研究中心，成为我校研究城市社区的重要平台。可以说，民政部是我与国家机关走得最近、最亲切的部门（第一卷图5-0）。许多领导的亲切关怀、音容笑貌深深印刻在我的脑海里！

进入新时代，在民政部支持下，华东师范大学中国行政区划研究中心的事业继续前行。

---

❶ 参见刘君德所著《我的地理人生：涉足山区·致力政区·钟情社区》一书第85页。

第一卷图 5-0　民政部❶、北河沿大街的城市绿化（2018 年 11 月）

6. 建设部：城市规划中的行政区划及社区

20 世纪 80 年代初，伴随着中国改革的重点由农村转向城市，城乡规划建设的任务日益繁重，急需规划人才，国内许多非师范高校的经济地理学专业，纷纷转向城市规划，一大批地理学精英一瞬间成为城乡规划的骨干，这虽然在一定程度上"伤害"了地理科学的发展，但繁荣了城乡规划。我虽然没有"跟风"进入规划行列，但在大量研究实践中发现，行政区划对城乡规划的影响极大，越来越多的专业工作者认识到区划对规划的重要作用。我们在行政区划领域的研究成果也随之引起规划界的关注和建设部规划司的重视，我也与建设部规划司的同志熟悉了起来，参加了不少中国城市规划学会的活动。

产生重要影响的活动有两次：

第一次是 2001 年 12 月，在建设部支持下杭州举行了中国城市规划学会年会。600 余位城市规划及相关专业人员参加了此次盛会。我作为主要演讲者之一为大会做了关于"行政区划与城市规划·社区建设"的报告；第二次是 2002 年 12 月，建设部、中国城市规划设计研究院联合在广东东莞市虎门镇召开的"行政区划与城市规划"专题研讨会，我带领中国行政区划研究中心全体博士生、博士后参会，主导了这次会议。让我倍感欣慰的是，2018 年，中国城市规划学会秘书长石楠教授给我来信说，我主编的《中国行政区划的理论与实践》《中国政区地理》等著作已经收录并存放在"中国城市规划学会成果展示室"。

2018 年，在国家机构改革中，住建部规划司整建制合并于自然资源部规划司，体制理顺，中国国土空间规划的整体性规划思想得到落实（第一卷图 6-0）。

第一卷图 6-0　自然资源部与住房和城乡建设部等（2018 年 11 月）

---

❶ 民政部已于 2021 年元旦起迁移至建国门南大街六号办公。

7. 生态环境部：参加"生态省"评审会的感悟

生态环境保护与地理科学的联系极为密切。一段时期，我曾被邀请参加过山东省、安徽省、厦门市及上海浦东新区、闵行区、崇明县等生态省、市、区（县）的规划评审会，与许多著名的生态学专家相识，其中的两次经历记忆深刻：

第一次是2003年9月和10月，在人民大会堂分别召开的山东、安徽生态省建设总体规划纲要论证会（第一卷图7-1）；第二次是2008年9月，在上海举行、由我主持的浦东新区生态规划❶论证会。改革开放前，我带队在皖南山区亲眼看见水土流失的严重性；改革开放后，我先后赴内蒙古呼伦贝尔大草原、大兴安岭、陕西和山西的黄土高原、甘肃祁连山区进行考察，亲身感受了绿色中国建设的辉煌成绩，但依旧感觉生态治理任重道远！

生态环境的影响是没有行政区划界限的，跨区域环境治理是一个老大难的问题，人们注意到生态环境部（第一卷图7-2）在全国设立了华北、华东、华南、西南、西北、东北等跨省界的区域环境督察中心，承担所辖区域内的环境保护督察工作。这是一项强化跨区域生态环境治理的重大举措。

第一卷图7-1　山东、安徽生态省建设总体规划纲要论证会现场及留影
（2003年9月、2003年10月）

第一卷图7-2　生态环境部（2018年3月设立，原简称环保部。2018年11月）

---

❶ 这项规划由上海一所著名高校承担，历时较长，但成果不尽完善，在我主持的首次项目修改会上未获通过，课题组进行修改后获得通过。

8. 三入人民大会堂

我有幸先后三次进入庄严的人民大会堂。第一次是我主持的"江苏省苏锡常地区行政区划战略研究"项目成果获首届全国高等学校人文社会科学研究优秀成果一等奖（政治学类），1995年底，我荣幸代表课题组赴人民大会堂参加了颁奖仪式；第二次是2003年9月、10月，应当时的环保部邀请，参加在人民大会堂召开的山东和安徽两个省的"生态省建设总体规划纲要"论证会，《安徽日报》摘要刊载了我在会上的发言内容（摘要）；第三次是2009年12月上旬，参加中宣部、新闻出版总署在人民大会堂举办的"《辞海》（第六版）出版总结表彰大会"（第一卷图8-1、图8-2），李长春、刘云山、刘延东等领导接见。第一次进入人民大会堂是一种荣誉；第二次、第三次出席会议是一种担当。它在我的人生足迹中是一个美好的记忆（第一卷图8-3）。

第一卷图8-1　《辞海》（第六版）出版总结表彰大会（2009年12月）

第一卷图8-2　赴人民大会堂时期在清晨的长安街散步时的随拍（2009年12月）

第一卷图8-3　新中国成立70周年时喜庆中的人民大会堂（2019年10月）

9. 首都功能的演进与变革

城市的定位决定了一个城市的发展方向和资源与产业结构的选择与组合。北京作为中国的首都，其职能经过多次变更，20世纪50年代至1978年改革开放前夕，定位为国家政治、经济、文化中心，强大的工业基地和科学技术的中心。1978 年，北京的工业生产总值占国民经济总产值的比重高达 71.1%[1]！但伴随而来的却是北京的人口过快增长，交通严重堵塞，能耗剧增，环境恶化，文化保护缺失，宜居环境质量下降等一系列问题。为此，1982 年修订北京城市总体规划，不再提及"工业基地"；90 年代，重化工退出历史舞台。

1993 年，北京定位为国家政治、经济、文化中心，经济仍处于主导地位，城市规模和人口进一步膨胀；2004 年，北京的功能定位为国家首都、政治中心、文化中心和宜居城市，不再提及经济中心。但由于城市的惯性作用，北京的人口问题和经济发展的结构性矛盾依然突出，"大城市病"越发严重。

2014 年 2 月，习近平提出"四个中心"，即政治中心、文化中心、国际交往中心、科技创新中心，要求把北京建成一流和谐的宜居之都。在新功能定位指引下，北京大力疏解非首都功能，加快推进新首都的建设；通过疏解整治，提升功能，实现资源优化配置。据《北京市 2019 年国民经济和社会发展统计公报》，2019 年，北京的服务业占比达 83.5%，金融业增长率达 76.4%，结构日趋合理，创新能力不断提升，首都引领发展示范的价值进一步体现，为全国城市发展的转型提供了样板。

数十年来，我目睹了北京作为国家首都不同时期的功能变化、城市形态、文化内涵、空间布局演进等方方面面的变革，以及作为首都不断前进与改革的步伐，也体验了北京人与上海等南方人不同的性格和生活习惯等。可以说，我见证和比较深刻地体验到国家首都的变化与变革，首都钢铁公司的发展历史也生动地见证了这种演进与变革（第一卷图 9-1 至图 9-9）。

在国家实力不断强大、人民生活逐渐富裕、国际地位大大提升的新时代，首都北京正朝着优化城市空间结构、高质量发展、完善公共服务、建设国际化、宜居城市的方向迈进。

第一卷图 9-1　夜幕下的王府井大街（2008 年 5 月）

---

[1]　参见《北京市产业结构的历史回顾及现状分析》一文，中图分类号为 F127。

第一卷图 9-2　王府井大街、东安市场（2008 年 5 月）

第一卷图 9-3　王府井大街的足球广告装置、北京市早期著名的商业中心代表——天桥百货商场（2008 年 5 月）

第一卷图 9-4　参观北京纺织品进出口有限公司（2008 年 5 月）

第一卷图 9-5　赴京参会入住酒店之一——北京国际饭店（2009 年 12 月）

第一卷图 9-6　新北京的金融街中心及周边（2020 年 10 月）

第一卷图 9-7　首都钢铁公司旧址 1（2020 年 10 月）

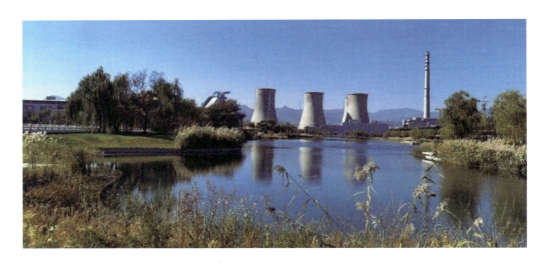

第一卷图 9-8　首都钢铁公司旧址 2（2020 年 10 月）

第一卷图 9-9　首都钢铁公司旧址 3（2020 年 10 月）

10. 东城区·西城区：区划调整的得与失

2010 年之前，北京市的中心主城区设置包括崇文、宣武、东城、西城四个区，而就在这一年，国务院批复了北京市政府关于调整首都功能核心区行政区划的请示，同意撤销崇文区、东城区，设立新的东城区；撤销宣武区、西城区，设立新的西城区。

对于这次北京市中心城区的区划调整，一时间引起社会的广泛议论，出现了不同的声音。

不少北京人认为，崇文、宣武这两个区历史悠久，文化底蕴十分丰厚，合并后崇文、宣武的政区专名消失。"太可惜了！""合并，也可以保留崇文、宣武啊！"等等一时难以接受的感叹。更何况两个区的规模已经不小，据《北京市 2010 年第六次全国人口普查主要数据公报》，2010 年，宣武区人口达 56.9 万，崇文区也有 34.6 万！

我以为，在中国"行政区经济"运行时期，四个区合并在一定程度上有利于首都核心区功能的统一规划、建设，有利于对城区的空间资源进行有效整合，推进核心区南北均衡发展，对

第一卷图 10-1　崇文门城墙
（2019 年 10 月）

历史文化名城的整体性保护也有好处。但也要指出，当前国内许多大城市中心城区的合并，大多忽略了老城区的文化因素。崇文、宣武作为北京市传统的政区专名文化，理应得到保护。据对特大城市城区政区的研究，我认为，从长远看，随着区级政区功能的逐步转换，更多地关注基层社会治理和文化功能，其空间规模不宜过大。另外，从地名文化视角看，如果合并后采用崇文和宣武的专名，可能较好地解决这个矛盾。

截至 2019 年，东城区与西城区调整已经历了 9 个年头（第一卷图 10-1 至图 10-5），随着北京市城市功能定位的进一步明确和落实，北京市新规划的出台，又传出了新的声音。有学者建议，为保护历史文化名城和实行整体性规划，强化中心城区中央政务的服务功能，将东城区、西城区合并为一个新中央政务区，我以为这是一个值得思考和需要进一步论证的重大议题。在这方面，苏州老城区区划的合并调整（撤销沧浪、平江、金阊三区设立姑苏区）已经提供了有益的经验。但也要充分考虑合并后的区级政区规模过大，人口过多，基层管理（街道与社区居委会）的合理幅度等问题，仍需谨慎行事。

第一卷图 10-2　修缮的北京城东南"角楼"城墙及留影（2019 年 10 月）

第一卷图 10-3　北京老城区的四合院住宅（2019 年 10 月）

第一卷图 10-4　前门外大街西打磨厂街保留的旧屋胡同（2019 年 10 月）

第一卷图 10-5　前门外大街东巷的瑞华染料行旧址（2019 年 10 月）

11. 友谊宾馆·回龙观：山区考察时期的常客

20世纪80年代我在担任中国科学院南方山区综合科学考察队第三分队队长期间，赴北京开会的频率较高，我们考察队成为友谊宾馆、回龙观饭店的常客。

北京友谊宾馆建于1954年9月，位于海淀区中关村南大街，紧邻北京知名学府、科研机构以及中国的硅谷——中关村。前身是国务院西郊招待所，主要用于接待在京的苏联专家。

回龙观饭店位于昌平区东南部，距离中国科学院（917大楼）只有几站公交路程，是北京市北郊的一个节点城镇。六百多年前的明王朝初期，该地区为牧马草场，附近的西二旗、西三旗为牧马军卒的居住地，渐而形成村落。明朝中期，弘治皇帝到天寿山拜谒皇陵，往来经过这片牧马草场，在此修建"玄福观"，后改名"玄福宫"。建成后，明朝皇帝到天寿山拜谒皇陵，回銮途中多驻跸于此，"玄福宫"被俗称"回龙观"。

2018年11月，我赴北京参加中国城市发展研究会理事会议之际，专门造访了友谊宾馆（第一卷图11-0），酒店的风格依旧。在一边漫步、一边拍照中，勾起了我对南方山区考察岁月的回忆。

1983—1987年，由华东师范大学地理系、生物系组建的中国科学院南方山区考察队第三分队，近30名考察队员，集体合作，不辞辛劳，努力工作，圆满完成了皖南、浙西和闽江上游建溪流域的考察任务，向国家和地方政府提交了数以百万字的调查、分析研究报告，提出了山区振兴的咨询意见和建议，培养和锻炼了一批人才。我作为考察队三分队分队长，通过了大尺度地理空间综合科学考察和多学科参与组织能力的测试。

第一卷图 11-0　北京友谊宾馆（2018 年 11 月）

12. 在故宫博物院·天坛·颐和园·长城八达岭留影

北京是中国最重要、最具代表性和特色的文化旅游城市。我去过的景点很多，大多走马观花，印象最深的是故宫博物院、天坛、颐和园、长城八达岭的故事。

（1）故宫博物院

北京的故宫博物院是世界三大宫殿之一，位于天安门北侧的紫禁城内，成立于 1925 年 10 月 10 日，为明、清两代皇宫及其收藏的基础上建立起来的中国综合性博物馆，也是中国最大的古代文化艺术博物馆，其文物收藏主要来自清代宫中旧藏，古物瑰宝数量巨大。

我曾三次走进故宫博物院。1964 年我首次进入，亲眼看见宏伟的宫殿建筑布局、奢侈的古物瑰宝，为古人建筑艺术文化和工匠艺术倾倒，也见证了封建王朝统治者生活的糜烂，2008 年我第三次进入，留下珍贵影像（第一卷图 12-1 至图 12-3）。

第一卷图 12-1　走进故宫博物院（2008 年 5 月）

第一卷图 12-2　故宫博物院内的戏台模型（2008 年 5 月）

第一卷图 12-3　故宫博物院墙体的九龙壁（2008 年 5 月）

（2）天坛

天坛在永定门内大街东侧，始建于明永乐十八年（1420 年），为明、清两代帝王祭祀皇天、祈五谷丰登之场所，分为内坛、外坛两部分，占地 273 万平方米，其主要建筑在内坛的南北中轴线上，为世界上最大的祭天建筑群（第一卷图 12-4）。1998 年 12 月被列为世界文化遗产。

我曾多次前往，也曾经陪同亲朋好友参观（第一卷图 12-5、图 12-6）。宏伟、壮观，规则、庄严而具有中国风格的气势给我留下深刻印象。

第一卷图 12-4　天坛公园服务设施图（2008 年 5 月）

第一卷图 12-5　天坛公园的古建筑和广场（2008 年 5 月）

第一卷图 12-6　老伴在天坛标志性古建筑前留影（2008 年 5 月）

（3）颐和园

颐和园是北京市古代皇家园林，坐落在北京西郊，与圆明园毗邻。颐和园、圆明园与清华大学、北京大学几乎相连，面积很大，它建造于 1750 年，前身为清漪园，是一座以昆明湖、万寿山为基址建成的江南园林风格的大型山水园林，也是保存最完整的一座皇家行宫御苑，被誉为"皇家园林博物馆"。清咸丰十年（1860 年），清漪园被英法联军焚毁；清光绪十四年（1888 年）重建，改称"颐和园"。颐和园是晚清统治者在紫禁城之外最重要的政治和外交活动中心，也是中国近代历史的重要见证与诸多重大历史事件的发生地。

我在北京大学进修时，假期走路去了颐和园，可惜没有留下照片。2008 年 5 月，我们陪同香港亲戚重游了颐和园（第一卷图 12-7）。

第一卷图 12-7　参观颐和园（2008 年 5 月）

（4）长城八达岭

八达岭是明长城的隘口，位于北京市延庆区军都山关沟古道北口，为北京的重要屏障及通往山西、内蒙古、河北张家口的交通要道；以其宏伟的建筑景观和深厚的文化历史内涵著称于世，与颐和园同列为世界文化遗产。我先后多次登长城八达岭，2008年5月在北京参加香港的一个高级旅游团，陪同亲戚游览，再次参观了定陵（第一卷图12-8至图12-12）。

第一卷图12-8　登长城漫行（2008年5月）

第一卷图12-9　长城八达岭留影（2008年5月）

第一章　京津冀 | 025

第一卷图 12-10　居庸关留影、秋果采摘活动（2008 年 5 月）

第一卷图 12-11　前往明十三陵之定陵（2008 年 5 月）

第一卷图 12-12　明十三陵之定陵博物馆留影（2008 年 5 月）

13. 北京大学·中国人民大学

我们这代人文经济地理学人都十分熟悉北京大学地理学系和中国人民大学经济地理学教研室，那是因为"文化大革命"（简称"文革"）前，中国经济地理学界号称有两大学派。一派是以中国人民大学经济地理教研室为首，传播苏联的马克思主义经济地理学理论思想，称之为"苏联学派"；另一派以北京大学地理系经济地理教研室为首的所谓亲"西方学派"，引入欧美的经济地理学理论方法，强调数学的经济地理学应用。两校学术活跃，常常开展全国性的经济地理学术研讨。

1964年，我在华东师范大学地理系就读、毕业留校之后的第五个年头，为筹办经济地理学专业，经济地理教研室安排我讲授工业地理学，为此我被派往北京大学地理系经济地理教研室进修"工业地理学"，师从魏心镇先生，在北京大学学习、生活了几个月。北京大学人文味十足，宽敞美丽的校园、活跃的学术氛围和严谨的治学精神深深影响了我。

在北京大学学习期间，周末、假期，我常去城里、著名文化古迹圣地、风景旅游点走走看看。颐和园、故宫博物院、天坛，香山，长城，八达岭，西山八大处、动物园、植物园、十三陵水库等地均留下了我的足迹和故事。

2018年8月我再次经过北京大学（第一卷图13-1）。同年11月，我拜访了中国人民大学历史学院清史所华林甫教授的家，他曾经在中国行政区划研究中心与我合作，从事过两年的博士后研究。那天夜幕降临，我们从学校正门离校（第一卷图13-2），直奔他的住家。

第一卷图13-1　北京大学校门（2018年8月）

第一卷图13-2　走进中国人民大学（2018年11月）

一进家门，眼前的一幕让我吃惊，在三房两厅不小的住处居然找不到一点空闲之地，书柜、书桌、墙边，甚至床边全堆满了各种书籍、史志，以及历史地图，不少是他手绘、待出版的清史地图。我不由自主地拿起手机拍下了这个当代中国 50 多岁的中年知识分子之中难以寻见的书房（第一卷图 13-3、图 13-4），如此爱书，严谨治学，刻苦钻研的学者恐怕不多见了！

第一卷图 13-3　我在华林甫教授的书房留影（2018 年 11 月）

第一卷图 13-4　华林甫教授在书房、书房一角（2018 年 11 月）

14. 全聚德：吃北京烤鸭的故事

全聚德烤鸭，在中国无人不晓，在全球知名度也很高。总店位于北京前门大街大栅栏附近（第一卷图14-1）。创建于清同治三年（1864年），跨越了三个世纪，是第一批服务类中国驰名商标。全聚德烤鸭已经成为中国食品第一品牌。烤鸭以外形美观、丰盈饱满、颜色鲜艳，色呈枣红、皮脆肉嫩、鲜美酥香、肥而不腻、瘦而不柴，而深受百姓喜爱。周恩来总理曾多次把全聚德"全鸭席"选为国宴。被国内外友人、食客誉为"中华第一吃"。

十多年前，两个在美国长大的孙子来北京，前往前门大街老店吃正宗烤鸭，当小孙子看到师傅现场操刀分离烤鸭的皮肉、装盘等熟练的过程，十分好奇的一刹那表情被我拍了下来（第一卷图14-2）。

第一卷图14-1　北京前门大街全聚德烤鸭店及留影（2019年10月）

第一卷图14-2　小孙子正专注于烤鸭师傅的刀工（2008年8月）

15. 北京站·北京南站

作为首都，北京位于近海，但不靠海，缺少海上运输通道；以高铁、铁路和航空为主干的交通网形似血管与国内各个省市紧紧相连，交通十分发达。我进出北京经过最多的是北京站、北京南站（第一卷图15-1至图15-4），以及首都机场。留下不同时段的足迹影像。

早期，我从上海去北京主要是乘坐抵达北京站的列车，数十年来，北京站依旧保持了原来的建筑风貌，站前广场基本没有变化，北京站出站之后去往国家部委机关、高校、宾馆酒店，都会在站前广场转乘公交、地铁或搭出租车，十分方便。

我清晰地记得第一次乘坐公交，前门上、后门下，女售票员手拿小红旗，不停地在车上一边售票，一边大声吆喝着到站名，告诫乘客"手扶好了""到站了"。那时候，北京的公交售票员比上海累多了！市民们上下班乘车是那么秩序井然！

进入 21 世纪，特别是京津城际铁路开通后的高铁时代，我去北京逐渐转向北京南站。

资料显示，北京南站始建于 1897 年，时称马家堡站，1902 年更名为永定门站，1988 年更名为北京南站，2006 年 5 月封站改造。2008 年 8 月 1 日随京津城际铁路的开通而运营。今日之北京南站为中国首座高标准、现代化大型综合交通枢纽，是北京去往上海、福州列车的始发站，是北京市建筑面积最大、接发车次最多的车站。在南站有多条地铁通向中心城区，备一张北京的交通卡换乘十分方便。

乘坐飞机赴京出差也是我的常用方式。

作为开放的、世界第二大经济体国家的首都，北京首都国际机场被称为"中国第一国门"。无疑它是中国最大、最繁忙的民用机场。2019 年旅客吞吐量达 10 001.3 万人次，仅次于美国亚特兰大国际机场，居世界第二位。

由于首都机场航班时刻饱和，为缓解首都机场的客流量压力，北京规划建设了新机场。

关于新机场的选址一度成为京津冀的热门和敏感的话题，提出过多种方案，经专家严密论证，确定选址在位于永定河北岸，地跨北京市大兴区礼贤镇、榆垡镇和河北省廊坊市广阳区，称"北京大兴国际机场"。新机场与各地的直线距离分别为：天安门 46 千米，雄安新区 55 千米，北京市城市副中心 54 千米，首都机场 67 千米，天津滨海机场 85 千米，廊坊市中心 26 千米，保定市中心 86 千米。

未来，京津冀地区将形成首都国际机场、北京大兴国际机场、天津滨海国际机场和石家庄机场协同作业的空港群新格局。

第一卷图 15-1　远观北京站（2019 年 10 月）

第一卷图 15-2　远观北京南站（2019 年 10 月）

第一卷图 15-3　北京站进站口、北京南站出站口（2010 年 10 月）

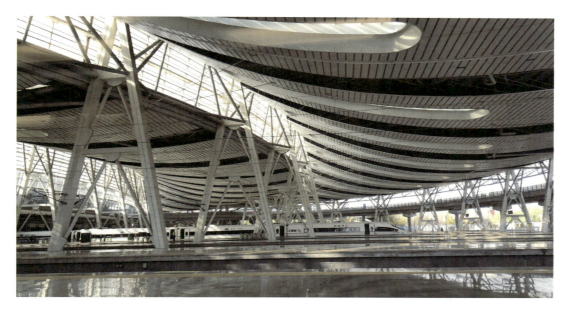

第一卷图 15-4　北京南站大厅（2010 年 10 月）

16. 首都规划建设问题之我见

讨论首都的规划建设是个复杂而敏感的话题。第一，它是国家的首都，太重要，关注者众，取舍决策难度大。第二，它是一个古老的城市，庞大的行政中心如何布局？在城市的规模扩张、经济发展、功能分工、规划布局、基础设施建设过程中，如何保持城市的个性、特色，实现与传统文化、空间基础、建筑风格等协调融合？特别是处理好旧城和新城的关系，城域与郊域的关系等等，十分复杂，要求高、难度大。第三，高层领导对首都定位、空间布局等重大问题决策的指导意见往往具有决定性的影响。

新中国成立以来，北京市规划经过多次编制过程。从初期受苏联专家的影响，一直到"文革"结束，北京的城市发展、规划布局深深刻下了时代烙印，值得反思的问题有不少。

20世纪50年代，在"变消费城市为生产城市"，实现"由800年的封建都城向社会主义的现代化首都转变"等思想指导下，北京市大规模布局了工业，特别是重化工业。北京成为全国综合性工业基地。

1978年改革开放之后，新的北京市城市总体规划定位北京为：全国的政治中心，国际交往的中心；全国科学、文化、技术最发达、教育程度最高城市之一；发展适合首都特点的经济；高度重视环境整治、保护老城，强调解决与人民生活、生产相关的服务设施建设问题等。1993年10月，国务院批准了修订后的《北京城市总体规划》，大大推进了北京市的城市建设。

然而，经济发展与城市建设速度大大超出规划的预期，北京市城市建设（土地、容积率、环境质量、交通等基础设施）的矛盾日渐加剧。为引导城市持续健康有序发展，2005年开始编制新一轮《北京城市总体规划》（2004—2020年），调整了城市发展规模，加强了新城的建设力度，并注意推进实施京、津、冀的区域合作。2006年初国务院批准了这个规划。

进入新时代，北京定位为全国政治中心、文化中心、国际交往中心、科技创新中心城市。以此为指导思想和依据，北京市先后出台了《北京城市总体规划（2004—2020年）》和《北京城市总体规划（2016—2035年）》。

2015年4月30日，中央政治局会议审议通过全国第一个跨省市的《京津冀协同发展规划纲要》。北京市将以疏解非首都功能为"牛鼻子"，缓解"大城市病"等突出问题，增强首都功能，积极推进京津冀协同发展、实现互利共赢。2016年3月，习近平主持召开中央政治局常委会会议，审议并原则同意《关于北京市行政副中心和疏解北京非首都功能集中承载地有关情况的汇报》。2016年5月27日，习近平在主持召开中央政治局会议时指出："建设北京城市副中心和雄安新区两个新城，形成北京新的'两翼'。这是我们城市发展的一种新选择"，"在新的历史阶段，集中建设这两个新城，形成北京发展新的骨架，是千年大计、国家大事"。2017年4月1日，新华社受权发布：中共中央、国务院决定设立河北雄安新区。这一举世瞩目的"千年大计"重大决策，完整而"永久"地勾画了未来京津冀核心区域（城市群）的大格局。

回顾北京市城市规划的历史，有经验，也有失误，我以为教训更多。关键点在于作为一个大国首都的功能定位问题。主要有两点：第一点，执行了"变消费城市为生产城市"的错误方针，让北京成为大工业城市，首都功能难以充分发挥。第二点，20世纪80年代以来片面强调了首都的经济功能，在京津冀大区域合作分工中，北京借助于首都的权力优势，使北京非首都功能（特别是经济功能）盲目扩张，带来人口、产业与土地空间、生态环境矛盾的加剧，行政区划的分割，空间的约束严重影响了京津冀区域资源的科学有效利用与合作分工，以及区域的整体性高质量发展。正因为如此，疏解北京的非首都功能，京津冀协同发展无疑是符合逻辑，正确的决策。

我在概要描述北京市城市规划的演变过程和未来京津冀格局之后，脑海中联想起著名建筑历史学家、建筑教育家和建筑大师梁思成先生，在50年代初期北京的城墙存废之争中，与他的学生罗哲文、留英建筑专家陈占祥提出的"梁陈方案"，即主张保护北京古建筑和城墙，建议在西郊建新北京，保护旧北京城，不在旧城建高层建筑的方案。很遗憾该建议没有被采纳。

根据费慰梅（费正清夫人）所著的《林徽因与梁思成》记述，梁思成建议的核心内容是：

——北京应该是政治文化中心，而不是工业中心。

——保存北京故都紫禁城的面貌，保存古建筑城墙城楼。

——限制旧城内新建筑高度不得超过三层。

——在城西建设一个沿南北轴向的新政府行政中心。

梁思成说，"如果世界上艺术精华，没有客观价值标准来保护，恐怕十之八九会被后人在权势易主之时，或趣味改向之时，毁损无余。一个东方老国的城市，在建筑上，如果完全失掉自己的艺术特性，在文化表现及观瞻方面都是大可痛心的。"❶

时代、政治无法让我们去联想更多。但我和绝大多数学者有着同样的认知：当今国人在热议雄安新区，热议北京副中心（新城）之时，我们是否还欠梁思成这位令人尊敬的规划建筑大师一个道歉？

北京的城市规划建设史就是一部城市政治经济社会发展史，而政治因素（行政主导）在中国城市规划建设中似乎居于主导地位。

---

❶ 参见胡劲草执导的纪录片《梁思成·林徽因》第八集"古城"。

（二）天津市

17."双城"结构下的行政区划

与北京、上海两个直辖市不同，天津市的行政区划为在"双核"空间结构下形成三类政区形态：中心城区传统的大城市"同心圆"模式；滨海新区以开发区为主，与传统政区融合的新型政区模式；在郊域则为由传统的郊县整建制改设的"区"制模式。

天津中心城区的行政区划是1955年调整形成的，设置有和平、河西、南开、河东、河北、红桥6个区；1992年，将环状近郊区按照地理方位改设为西青、津南、东丽、北辰四个区。政区稳定，规模适中，区、街、居不轻易改变，重视政区地名的文化保护。2005年起，滨海新区被写入"十一五"规划，并纳入国家发展战略，成为国家重点支持开发开放的又一个国家级新区。2009年11月天津撤销了塘沽区、汉沽区和大港区，以三区的行政区域成立滨海新区。近十年来，滨海新区内部根据不同阶段发展的需要，积极尝试新的政区空间组织模式，有效地适应了新区不同发展阶段的需要（第一卷图17-0）。

天津市域的政区演进、发展改革体现了相对稳定性、尊重政区文化特性和因地制宜、实事求是的原则，我以为，中心城区政区空间格局保持相对稳定，滨海新区的行政区划和行政组织体制的顺势而为、有序变革的经验值得我国其他直辖市和许多特大城市借鉴。

第一卷图17-0　天津市行政机关大楼（2018年11月）

18. "双核"直辖市

天津，简称津，是直辖市，由西部的老城区与东部的滨海新区组成为"双核"城市。其市界除西北方向有两段与北京市接壤外，均与河北省为邻。天津地处海河下游，东部濒临渤海，享河海要冲之优势，市域北部的蓟州区为山地丘陵地带。天津是国家中心城市、环渤海地区经济中心，中国北方最大的港口城市、国家物流枢纽、北方国际航运核心区。天津市下辖16个区，其面积约为1.2万平方千米、总人口1390万（2020年）。

天津，自古因漕运兴起，元属大都路，设海津镇（亦称直沽），明燕王朱棣率兵南下，渡直沽，赐名"天津"，明永乐初设天津卫，1404年筑城，清雍正年间改天津卫为天津府，置附郭天津县。1860年清政府被迫将天津辟为商埠，1928年设天津特别市。1949年设为中央直辖市。1958年天津改属河北省，为河北省的省会；1967年恢复中央直辖市。

从形态上看，天津初为海河边"算盘"状的切块城市，后沿海河带状延伸为河港城市，进而以同心圆式向外拓展，成为一个单中心、封闭型的大城市；直到1986年"一条扁担挑两头"的大规划布局出炉，版图迅速扩大，天津才形成如今的"双城""双港"空间格局。"双城"是指天津市中心城区和滨海新区核心区；"双港"是指天津港和天津南港。中心城区是天津的发祥地，也是行政、文化、教育、商业中心；滨海新区是天津市下辖的副省级区、国家级新区和国家综合配套改革试验区，中国北方对外开放的门户、高水平的现代制造业和研发转化基地、北方国际航运核心区和物流中心，建设中的宜居生态型新城区。

2009年，我和老伴曾在天津老城厢西北角的一个不错的社区（富力城）生活过，对天津了解和体验较多，印象深刻。我们常去老城厢，海河边，著名商场、文化场所溜达购物，体味天津的风情，拍照、思索；去西关街买菜、买早点，与天津人聊天，听听"老天津"的故事（第一卷图18-1至图18-7）。2020年初爆发新冠疫情，又被迫在天津椿萱茂·璟湾养老社区滞留并生活了107天，让我与天津的老人有更深入的交流，对天津特有的文化、生活习性有了更深刻的认知（第一卷图18-8）。

第一卷图18-1　经过整修的卫津河（2009年4月）

第一卷图 18-2　古文化街——老城厢东门（2009 年 4 月）

第一卷图 18-3　大胡同——天津人光顾最多的廉价商业街坊（2009 年 4 月）

第一卷图 18-4　天津老商业街（劝业场）、和平区新建的居住区（2009 年 4 月）

第一卷图 18-5　天津老城厢西北角红桥区的城市更新片区（2009 年 11 月）

第一卷图 18-6　海河畔新兴的商务建筑群（2009 年 11 月）

 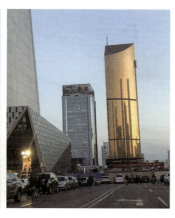 

第一卷图 18-7　中心城区新兴的商务建筑群（2009 年 11 月）　　第一卷图 18-8　新冠疫情下的我（2020 年 1 月）

19. 海河：天津的母亲河

　　海河亦称沽河，为华北地区最大的水系，发源于太行山东麓。上游的数百条支流涌向潮白河、永定河、大清河、子牙河、卫河五条河，在天津市三岔河口汇聚后称之为海河，然后拐弯东流至大沽口注入渤海。从金钢桥以下三岔河口至大沽口一段，长 76 千米。

　　海河是天津城市的象征、历史的见证。海河水系的漕运是天津兴起之源。北宋时，海河是宋与辽对峙的界河，作为金朝都城之一的北京，需要从各地运来大量粮草，于是出现了"直沽寨"的建制；元朝，都城北京拥有上百万人口，对粮草的需求更甚，大直沽（今河东区南部、海河东岸）成为天津的发源地。

　　明朝，运河疏通，航运恢复，三岔河口"地处九河下梢，陆通七省舟车"的优势地理位置，使之成为商贾货物南来北往的集聚地，天津很快发展成为北方商业中心城市，首都北京的门户城市。河海交汇处的塘沽也成为天津的重要海港。

　　海河，作为天津的母亲河当之无愧。没有海河，就没有天津这个北方经济中心城市！

　　天津人对海河情有独钟，它承载着天津的记忆。我每次去天津，海河是必去之地，无论是春夏秋冬，白天或是夜晚！

　　改革开放以来，天津市科学定位城市功能，以改造、整治海河为抓手，发展天津的经济，保护和改造、建设天津市的主城区，同时大力建设滨海新区，天津市的面貌焕然一新，且颇具特色。特别是海河风光带，十分诱人，吸引了来自国内外的大量游客。

每当夜幕降临，海河两岸灯火辉煌，游船穿行其中，那密集林立的摩天大楼群，特别是欧式洋房建筑的意大利风情区，十九座形态各异的桥梁，世界唯一建在桥上的摩天轮——天津之眼，河面上五颜六色的倒影，岸上水下虚实交错、光影辉映的美景，让我难以忘怀。2009年夏天，我们一家夜游海河美美地享受了这个风光带（第一卷图19-1至图19-3）。十多年后的2019—2020年，我们再次参观海河，并留下珍贵的影像（第一卷图19-4至图19-8）。

第一卷图19-1　夏季海河上的游船
（2009年9月）

第一卷图19-2　夏季海河畔的放
孔明灯活动（2009年9月）

第一卷图19-3　夏季夜与老伴游海河留影（2009年9月）

第一卷图19-4　游古文化街码头之夜（2019年11月）

第一卷图 19-5　海河上的意风区码头（属于意式风情区。2020 年 2 月）

第一卷图 19-6　冬季以古文化街为中心的海河段的冰雪景观（2020 年 2 月）

第一卷图 19-7　春季冰雪开始消融的海河（2020 年 3 月）

第一卷图 19-8　世界唯一建在桥上的摩天轮——天津之眼（2020 年 3 月）

20. 海河上的桥

在天津游海河，我的第一感觉就是海河上的桥很多、很美！间隔距离短，很有看头。仔细观看，每座桥的造型、风格各异，都有故事。这在几个直辖市中要数第一！

在中心城区，海河干流之上由北而南有金钢桥、狮子林桥、金汤桥、进步桥、北安桥、大沽桥、解放桥、赤峰桥、金汇桥、大光明桥、金阜桥、直沽桥、海津大桥等，平均不到 0.8 千米就有一座桥梁。有幸的是这些桥我都去欣赏过（第一卷图 20-1 至图 20-11）。

第一卷图20-1　解放桥边的雕塑（2009年9月）

第一卷图20-2　一位天津站点下车经过桥的打工者（2009年9月）

第一卷图20-3　金汤桥的海河夜景（2009年9月）

第一卷图20-4　彩虹桥的海河夜景（2009年9月）

第一章　京津冀 | 041

第一卷图 20-5　永乐桥上的摩天轮——天津之眼（2018—2020 年）

第一卷图 20-6　大沽桥头的世纪钟、清晨桥头散步巧遇的遛狗大娘（2018 年 12 月）

第一卷图 20-7　狮子林桥东桥头的石狮（2020 年 1 月）

第一卷图 20-8　观光功能的金汤桥（水阁大街）——桥西望桥东（2020 年 2 月）

第一卷图 20-9　金汤桥桥头的解放军攻进天津城会师处（2020 年 2 月）

第一卷图 20-10　北安桥（2020 年 2 月）

第一卷图 20-11　解放桥、大光明桥（2020 年 2 月）

众多的桥大大改善了城区的交通环境，方便了市民，也极大地提升了海河的观赏性。"一桥一景"已经成为天津一道亮丽的风景线。

天津处于海河流域的九河下梢，自古就建有许多形式多样的桥梁。早期的桥梁大都是木桥或石桥。清康熙五十四年（1715年），在今红桥区西沽，修建了天津最早的浮桥。浮桥多用木船连缀而成，有船经过时开桥，船过以后闭桥人车通行；为适应海河每日潮差的变化，浮桥的引桥及搭板亦为木质结构。此后，又修建了东浮桥、盐关浮桥、院门口浮桥、北大关浮桥、大红桥浮桥、大伙巷浮桥等。所谓"浮梁驰渡"，因此成为清朝"天津八景"之一。

天津的第一座钢结构大桥为大红桥，建于清光绪十三年（1887年），中心城区的红桥区因此得名；海河干流上首座桥梁为位于古文化街、奥式风情区的金汤桥（1730年初建、1906年改建）；位于大胡同的双层钢铁拱桥——金钢桥（1924年初建，1996年重建），老龙头火车站（今天津站）旁的悬臂式开启桥，因位于在租界地之内，被称为"万国桥"（1902年初建，1923年重建，1927年建成），先后改名为中正桥和解放桥，是现今全中国旧钢桥中唯一还能开启的桥梁。

近代开埠之后，租界的建设，使天津拥有了西方开启式的钢桥，著名桥梁专家茅以升曾说："几乎全国的开合桥都集中在天津"❶。

新中国成立之后，海河上新建了多座新桥。2002年，《天津海河综合改造开发总体规划》出笼并实施，经多年改造建设，海河已经建成独具特色的服务型经济带、景观带和文化带，具备了旅游、休闲和发展服务业的功能。以海河及其延长线景观照明构成天津夜景灯光的主轴线，每一座桥都是夜景的交叉节点，很值得观赏品味。

唯一遗憾的是，1996年拆除重建的金刚桥，失去了原有的风格和历史文化意义，遭到许多专家学者、社会名人的质疑。

21. 望海楼教堂的历史故事

望海楼教堂位于天津市中心城区海河边、狮子岭桥畔，邻近老城厢的古文化街，是我多次去看过和路过的建筑。

清末，《天津条约》签订（1858年）后，西方列强纷纷在天津设立租界，外国传教士打开中国大门，在天津传教设立多个教堂，1862年法国天主教父卫儒海获得三岔河口北岸的土地，于1869年建成天津最大的天主教堂，取名为"圣母胜利之后堂"，俗称"望海楼教堂"。

望海楼教堂是一座规模较大的建筑物，为石基砖木结构，正面有三座塔楼，远望呈笔架形，具有欧洲哥特式建筑风格。1988年被国务院列为国家重点文物保护单位。

提起望海楼教堂，天津人无人不晓。这座教堂建成不久发生的一起轰动社会和政界，甚至国外的一场"火烧望海楼"事件，被称为"天津教案"，此后，该教堂作为这一著名事件的重要遗址被保护与修缮，并作为旅游景点对游人开放。

1870年6月21日，因怀疑教会假借经营育儿所其实是拿婴儿做药，愤怒的天津群众烧毁了望海楼教堂，多名修女、神父及法国领事人员、法俄侨民，还有多名中国信徒在这起事件中被杀死；英美传教士开办的四座基督教堂也在这次事件中被焚毁，成为当时著名的

---

❶ 引自茅以升的《天津的开合桥》一文。

"火烧望海楼"事件,在当时称为"天津教案"。之后,在法国公使的压力下,清政府赔款40万两白银,并处死参与事件的多人才平息了事件。

清光绪二十三年(1897年)用清政府赔款,在废墟原址重建,增建了角楼。1900年在义和团运动中再次被焚毁。现存望海楼为光绪二十九年(1903年)用"庚子赔款"按原形重建,装饰华丽。1976年因地震严重损坏,1983年天津市人民政府拨款修缮。望海楼教堂已成为一座天津近代史的标志性建筑(第一卷图21-0)。

第一卷图21-0　望海楼大教堂(2019年10月)

22. 漫步于历史文化街区：古文化街·五大道·意式风情区

天津位于中国北方开放前沿,为近代中国洋务运动的基地,是近代发展起来的港口型综合性大城市,六百多年的历史造就了天津中西合璧、古今兼容的独特城市历史风貌。与上海、宁波等沿海城市相比较,天津最突出的就是海河和随其发育的城市风貌,是具有浓浓天津味的城市风貌,凡去过,特别是在天津生活过的人都可以感受得到。古文化街、五大道、意式风情区、劝业场、解放桥等及前面介绍的望海楼教堂都是具有代表性的街区与建筑。

古文化街,属于天津的老城厢,外地到访旅游天津的第一站。这里地势稍高,"风水好",一派北方城市老城厢的风貌,特色明显。是喜爱古玩、古书之人淘宝的好去处。2009年,我在天津西北角富力城的生活期间,三天两头都会去老城厢转转(第一卷图22-1至图22-6)。

第一卷图22-1　老城厢的天津老城博物馆、老城厢商业街(2009年1月、2009年11月)

第一章　京津冀 | 045

第一卷图 22-2 老城厢的（清代）广东会馆、天津文庙博物馆、益德成鼻烟文化展览馆（2009年1月）

第一卷图 22-3 迎新春的古文化街、戏剧博物馆（2009年1月、2009年11月）

第一卷图 22-4 古玩茶叶珠宝街、老城厢特色食品街（2009年11月）

第一卷图 22-5 新春佳节游逛老城厢1（2009年1月）

第一卷图 22-6 新春佳节游逛老城厢 2（2009 年 1 月）

被称为"万国建筑博览苑"的五大道位于天津市中心城区的南部，得名于东、西向并列着的成都、重庆、大理、睦南及马场五条街道，面积约为 1.28 平方千米，天津人习称"小洋楼"，是迄今天津乃至中国保留最为完整的洋楼建筑群。

19 世纪末 20 世纪初，五大道地区原是天津城南一片荒芜的坑洼塘淀，只有散落的一些窝棚式简陋民居。1860 年底，该地区被划为天津的英租界。1911 年辛亥革命后，许多清朝皇亲国戚从北京来到天津租界寓居，其中不乏富贾巨商、北洋政府时期的高官、各界名流、要人，"租界"成为这些人的政治的避风港，加上天津的地理、交通与海关之利，商机多，五大道便成为上述人士和商贾们居住之最佳选择地。其中，马场道是五大道地区修筑最早、最宽、最长的马路。马场道的 121 号小洋楼，为英侨学者达文士居住的典型的西班牙花园别墅——达文士楼，是五大道上最早的建筑。胡佛旧居、潘馥（1927 年曾任国务总理）旧居也位于马场道上。建筑的私密性构成五大道地区深幽寂静的街市风格。

这里拥有近千栋 20 世纪二三十年代建成的具有不同国家建筑风格的花园式洋房。其中最具典型的达 300 余幢。包揽了英式、意式、法式、德式、西班牙式，还有许多文艺复兴式、巴洛克式建筑，古典主义、折中主义风格的建筑，以及庭院式、中西合璧式建筑等。如此多类型和规模的世界各种风格的建筑在五大道集聚，堪称中国之最。2011 年，五大道被天津市确定为历史文化街区（第一卷图 22-7 至图 22-11）。

第一卷图 22-7 天津五大道文化旅游区示意图（2018 年 11 月）

第一章 京津冀

第一卷图22-8 百年历史的英式建筑——成桂餐厅、五大道艺术馆留影
（2018年11月、2020年9月）

第一卷图22-9 五大道足球场留影（2020年4月）

五大道地区的街巷、住宅命名也很特别，独立宅邸多，里巷数量少，而名人名楼均以门牌为标识，不设匾牌；"胡同"名消失，多以"里"区分弄巷；出现了"大楼""别墅""村""坊"公寓庄园的名称。

意式风情区位于河北区南侧，曾为意大利租界区的中心区，是我国东部地区，乃至东亚地区最大的意大利文化集聚区，有李叔同、曹禺故居，袁世凯、冯国璋的宅邸等，近百年的街区建筑原貌保存较好（第一卷图22-10、图22-11）。我去过意大利，在这里散步、娱乐、用餐，犹如置身于意大利的大街。

综观天津在保护、维修街区建筑群落，合理开发利用方面有不少成功之处，但笔者眼中，老城厢改造中采取全部拆除、推倒重建的做法似乎是一个败笔。

第一卷图 22-10　意式风情区 1：冯国璋旧居（2020 年 3 月）

第一卷图 22-11　意式风情区 2：袁世凯旧宅前留影（2020 年 4 月）

23. 世界等级最高的人工深水港：天津港

我曾三次（1998 年、2002 年和 2005 年）到访天津港，进行座谈并参观港区，深知作为京津冀重要的门户，天津港在天津市自身建设和发展中具有特殊的重要性。

天津港坐落在滨海新区，由海港和河港两部分组成，港口位置优越，建港历史悠久，最早可以上溯到汉代，唐代以来形成海港。1860 年正式对外开埠，是我国最早对外通商的港口之一；现代天津港 1939 年始建，新中国成立后扩建称天津新港（塘沽新港），1952 年 10 月重新开港通航。

位于海河入海处的天津港，是在淤泥质盐碱滩涂上挖海、吹填造陆建成的世界航道等级最高的人工深水港。港区的陆域面积为 47 平方千米、规划面积 100 平方千米，主航道长 44 千米，航道底宽最宽处已达 260 米，最大水深已达 21 米，25 万吨级船舶可自由进出港，30 万吨级船舶可乘潮进出港。

天津港包括北疆、南疆、东疆、海河四大港区，公共泊位岸线总长 21.5 千米，各类泊位总数 159 个，其中万吨级以上泊位 102 个。作为中国北方重要的综合性港口和对外贸易口岸，2013 年天津港货物吞吐量突破 5 亿吨，集装箱吞吐量突破 1 300 万标准箱，次于上海港、舟山港，排名中国第三，世界第五。天津港是中国大陆最早开展国际集装箱运输业务的港口，已经形成以集装箱、原油及制品、矿石、煤炭为"四大支柱"，以钢材、粮食等为"一群重点"的货源结构。

天津港是中国沿海主要枢纽港之一，已形成颇具规模的立体交通集疏运体系，其服务和辐射范围除京津冀外，惠及中西部地区的 14 个省、自治区、市，总面积近 500 万平方千米，是中国北方沿海主枢纽港和综合运输体系的重要枢纽，也是蒙古国等内陆国家的主要出海口，航线通达世界 180 多个国家和地区的 500 多个港口。

作为河口大港，天津港自建港以来，港口的泥沙回淤一直深受瞩目，我首次访问天津港时，就向接待座谈官员提出过这个问题。可喜的是，通过数十年的研究和工程措施，取得了良好的减淤效果。如今泥沙回淤已经不再是港口发展的制约因素，相反，每年数百万方的回淤土已成为港内造陆的重要资源。2020 年我又去天津港，留下珍贵影像（第一卷图 23-1、图 23-2）。

第一卷图 23-1　天津港全景（2020 年 10 月）

第一卷图 23-2　天津港太平洋集装箱码头、东疆港区码头（2020 年 10 月）

24. 半壁江山：滨海新区

天津市滨海新区位于天津市域东部，海河出海口，濒临渤海湾，地理位置优越，地势低平，海岸线长 153 千米，拥有 1 200 平方千米可供开发的盐碱荒地。港口和丰富的土地资源是滨海新区的极大优势，发展潜力巨大。

继上海浦东新区之后，2006 年国家批准设立滨海新区，为天津市的一个独立的副省级行政区。定位为：依托京津冀、服务环渤海、辐射"三北"、面向东北亚，努力建设成为我国北方对外开放的门户、高水平的现代制造业和研发转化基地、北方国际航运中心和国际物流中心，逐步建成为经济繁荣、社会和谐、环境优美的宜居生态型新城区。

2014 年 12 月，滨海新区获批为自贸区，2017 年 9 月被批准为第一个国家综合改革创新区。2018 年新区的 GDP 为 6 654 亿元（2016 年），名副其实地成为天津市经济的半壁江山。

1998 年 10 月，我首次考察滨海新区与一位接待领导交流时说：滨海新区有两个问题值得重视：第一，大片盐碱地上造楼如何防止和减轻盐碱的影响；第二，要解决滨海新区发展中多头管理（政区、港区、开发区等）的体制机制问题。接待的领导顿时感到震惊，"您说到点子上了！"当年我们在参观过程中，目睹滨海新区所有的建筑、种树绿化都采取了特殊的防盐碱腐蚀措施，甚感欣慰，近 20 年后的 2016 年，我再次考察滨海新区留影（第一卷图 24-1 至图 24-3）！

多年来，滨海新区积极稳步调整区划，不断探索实践新的行政体制。2019 年底，滨海新区下辖 21 个街镇，原塘沽、汉沽、大港 3 个行政区虚化为 3 个城区管委会；同时辖开发区、保税区、高新区、东疆保税港区、生态城 5 个经济功能区。2019 年、2020 年，我最后几次考察滨海新区留影，此外，后期的出版过程中，我又补充了滨海新区的最新规划图 1 幅（第一卷图 24-4 至图 24-8）。

作为天津市半壁江山的滨海新区，如何进一步落实京津冀协同发展战略，加快北方国际航运核心区的建设，是两大核心要务。新时代的天津市，滨海兴，则天津兴。滨海新区在天津市、京津冀发展中越来越凸显其重要意义。

第一卷图 24-1　改革开放初期的天津经济开发区（1998 年 10 月）

第一卷图 24-2　在天津经济技术开发区的摩托罗拉（中国）电子有限公司门前
与天津经济开发区领导座谈留影（1998 年 10 月）

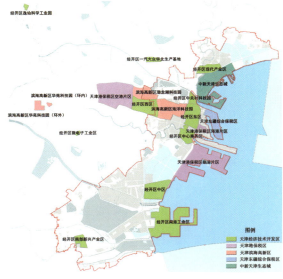

第一卷图 24-3　天津市滨海新区行政审批局留影（2016 年）、滨海新区规划图（2024 年 8 月）

第一卷图 24-4　于家堡海河大桥和在建的"周大福中心"（2019 年 12 月）

第一卷图 24-5　共话新区美好未来留影、新建的滨海新区文化中心

（2020 年 1 月、2020 年 10 月）

第一卷图 24-6　滨海新区国家海洋博物馆（2020 年 10 月）

第一卷图 24-7　滨海新区高铁滨海站（2020 年 10 月）

第一卷图 24-8　滨海新区湿地公园（2020 年 10 月）

25. 长芦盐场·大港油田

（1）长芦盐场

长芦盐场位于天津市与河北省的渤海沿岸，北起山海关，向南经滨海新区至河北省的黄骅市盐场，为中国海盐产量最大的盐场，产量约占全国的四分之一。这里海水盐分高、晴日较长，蒸发旺盛，有漫长、宽广、平坦的泥质海滩，晒盐的自然地理环境十分优越。

长芦盐场制盐历史悠久。蒙古太宗六年（1234 年）设河间盐运司；明初，盐运司驻长芦镇（今河北沧州市城区），故名长芦；清康熙后，盐运司移至天津，为明清两代皇室唯一御贡盐砖。新中国成立之后，经多次扩建、新建，规模扩大，现长芦盐田区包括塘沽、汉沽、大沽、黄骅、南堡、大清河、大窝棚等盐场，以汉沽盐场规模最大，主产食用盐、工业盐；位于南部的沧州（南堡、大清河、大窝棚）是全国最重要的工业盐产地。

2020 年 10 月 17 日，我们从河北唐山港返回天津途中，特意选择了海滨高速线路，快速行驶的自驾车经过河北海滨抵达天津，一路上目睹了长芦盐场那一望无边、规模浩瀚的气势，用手机拍下了一个个方块状盐田景观。行车途中方圆上百千米也见不到人和车，此行虽然单调，但终生难忘（第一卷图 25-1 至图 25-3）！

第一卷图 25-1　长芦大盐田（2020 年 10 月）

第一卷图 25-2　依托海盐发展的盐化工厂区（2020 年 10 月）

第一卷图 25-3　杨家泊停车区（2020 年 10 月）

（2）大港油田

大港油田位于天津市滨海新区南隅与河北省交界处的渤海岸边，属于大港功能区域，是一个油气生成量和集聚量丰富的大型复式含油气区。功能区域总面积为 1 110 多平方千米，其中油田面积约 247 平方千米。1964 年在一片盐碱荒地上始建，已形成集石油及天然气勘探、开发、原油加工、机械制造、科研设计等多功能于一体的油气生产基地。大港油田有 21 个油气田，年产原油近 500 万吨（第一卷图 25-4、图 25-5）。

第一卷图 25-4　大港油田的采油树（2020 年 10 月）

第一卷图 25-5　大港油田的石油化工企业（2020 年 10 月）

大港油田的发现与成功开发建设，验证了中国地质学家李四光先生"地质力学"的理论预测，即环渤海湾地区拥有广阔的找油前景。此后，中国陆续诞生了华北油田、渤海油田、冀东油田等。

经过数十年的开发建设，如今的大港油田区域已经形成一座新兴油城，一度为区级建制，2000 年大港区辖 4 个街道，3 个镇，3 个乡。据第五次人口普查，全区总人口 39 万，2009 年撤销塘沽、汉沽、大港三个区，设立天津市滨海新区。如今，大港地区经济社会全面发展，在滨海新区具有举足轻重的地位。

26. 西北角的巨变

天津依海河而兴，沿河而建。从地理方位来看，在商业繁华地区很难找到规整的东西南北向马路，唯独的正南正北只有老城厢。我短暂生活居住在老城厢的西北角，饭前饭后，买菜购物，每天都要出去溜达散步，最熟悉不过的要数西北角❶了。

西北角，朴实繁华，是天津市最大的回民聚居地，拥有 6 座清真寺，一批回族居民"围寺而居"。以清真大寺规模最大，也是天津市伊斯兰教的活动中心。我注意到在大丰路上、水游城旁，还专门设有清真养老院。2018 年前，西关街上至今仍保留着回民宰牛、宰羊的习俗，西关街的牛羊肉应该是天津最新鲜、最正宗的了。

人说天津有三宝：鼓楼、炮台、铃铛阁（gao）。其中有两宝就在西北角，即鼓楼和铃铛阁。遗憾的是老城厢的大规模拆除，鼓楼已是"假货"了。铃铛阁还保留了一些痕迹。

铃铛阁初为塘古寺，建于唐代，寺内曾藏有《大藏经》全卷，明万历七年（1579 年）

---

❶ 在天津卫老城厢城楼的城门上，可以看到拱北、镇东、安西、定南八个大字。由此衍生出天津的很多老地名，也造就了天津人熟知的老天津卫四大护法：东北角、东南角、西南角和西北角。

建藏经阁，因阁角装有风铃，乡人称之为铃铛阁。光绪年间一场大火将藏经阁化为灰烬。

1901年铃铛阁旧址改为一所新式中学——铃铛阁中学，我曾在西北角居住时，外出散步，常常要从中学门前经过。2018年我再去看这所拥有118年校史的学校，发现在其四周，早被拆除的回族社区依然荒废，显示这个属于红桥区的老城社区改造十分艰难（第一卷图26-1）。

昔日的西北角已经成为天津市老城区的"下只角"。在西北角，富力城、水游城、陆家嘴等高档住宅、商厦、五星级酒店等拔地而起，马路宽了，车流、人流多了……（第一卷图26-2至图26-8）。我们感受了这块作为天津地标之一的人文地理风情，目睹了西北角、西关街脱胎换骨的巨变。

第一卷图26-1　与西关街为邻的天津名校——铃铛阁中学（2018年8月）

第一卷图26-2　惠灵顿小街（红桥区破旧的住宅区被"惠灵顿小街"取而代之。2018年11月）

第一卷图 26-3　与惠灵顿小街隔北运河相望的新兴住宅区（2018 年 11 月）

第一卷图 26-4　西北角颇有特色与人气的"水游城"（2018 年 11 月）

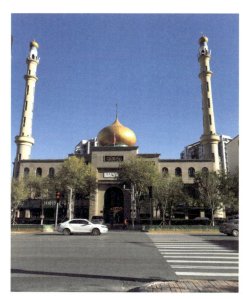 

第一卷图 26-5　与水游城为邻的大清真寺、北运河畔原天津德式西站留影
（2018 年 11 月、2018 年 8 月）

第一卷图 26-6　北运河畔 1（金秋季节，这里是情侣、老人散步休闲的好去处。2018 年 11 月）

第一卷图 26-7　北运河畔 2（夏季傍晚，大丰桥畔聚集了很多乘凉的老人；
　　　　　　　冬季假日，则聚集了众多垂钓者。2018 年 8 月、2018 年 11 月）

第一卷图 26-8　西北角新兴的陆家嘴中心（2018 年 11 月）

27. 说说西关街

西关街是老城厢西门外的一条街道，为南开与红桥两个行政区的分界街，历史悠久，天津的文人、社会名人，乃至社会大众在此留下了许多关于西关街的笔墨。十多年前，我居住生活在西关街东侧、隔一条马路的富力城社区时，几乎每天都要去那里买菜，买牛肉、买豆浆、馒头，买"今晚报"，逛夜市，对那里的每家店铺都很熟悉。

西关街附近的回民社区较多，保留了数百年历史的活宰牛羊传统，肉新鲜，价便宜，附近低、中、高档社区的居民都喜欢去那里购物；西关街还被天津人称之为"鬼市"，有各种旧物、古玩摊贩之类，吸引不少文人墨客、三教九流的各色人群来此交易，淘宝。

由于西关街是两个行政区的边界，在这里居住的人群复杂，乱设摊，脏乱差严重，两区协调管理难，整治难度大，长时期一直是天津市中心城区整治的老大难地块。

2018年5月初，富力城的朋友告知，南开区所属西关街南侧的"鬼市儿"被取缔了。我连忙要她帮忙拍些照片（第一卷图27-0）；5月底，红桥区和南开区联合行动对西关街强制进行拆违整治，终于使这个存在了数十年的鬼市，陪伴了周围居民数十年的"非法"菜市场走到了尽头。

第一卷图27-0　整治中的西关街（2018年5月）

28. 居住过的花园社区：富力城

富力城是天津市老城厢西北角（鼓楼西街）的一个大型、高档、花园式新型居住社区，占地面积为70 956平方米、建筑面积20万平方米，基本为24—28层南北向的住宅，单体结构，适合天津人习惯。2005—2010年先后建成天越园（一期）、天霖园（二期）和天康园（三期）三个板块，相应成立三个社区居委会。在天越园设有会所，物业服务档次较高；周边银行、菜场、餐饮很多，去大型商厦、综合体、古文化街都很方便。

2009年我们在天越园居住期间，结交了不少朋友。以此为基地，走遍了天津城市中心区的东南西北，并与天津甚至与北京的弟子一起交流，还参加了一届居委换届选举及春节节日活动，感受了与上海不一样的社区生活习性和风土人情。

天越园有几个明显特点：第一，树多，且品种多（大部分从南方移植）、水多，布局很有特色，近20栋高楼高高耸立在一个南派园林风格的公园之中，夏秋如江南水乡，中心长廊通过小区的小道串联着一栋栋高楼，水木相连。第二，小区里的车全部停在地下，地表的园区道路通达顺畅，居民们可以在小区里两个圈层进行晨练、散步、遛狗，无忧无虑，非常安全。第三，在这里可以感受到天津人的风土人情、文化习俗，甚至不同的价值观。与上海相比较，在传统节日的传承，邻里之间关怀，直率的性格，对生活的满足感，乃至对老人的尊重等等方面，似乎天津人的人情味更浓，居民对社区的认同和归属感更强（第一卷图28-1至图28-5）。

第一卷图28-1　富力城天越园小区景观1（2009年9月）

第一卷图28-2　富力城天越园小区景观2（2009年9月）

第一卷图 28-3　大雾天气笼罩下的富力城天越园（2009 年 9 月）

第一卷图 28-4　与富力城天越园一街之隔的中营小学（创办于 1906 年的天津市最早的官办小学。2009 年 9 月）

第一卷图 28-5　冬季在富力城天越园附近逛大商场（2009 年 12 月）

29. 红极一时的大邱庄镇

大邱庄镇是天津市西南静海区的建制镇,土地面积为 119 平方千米、人口 85 137 人(2017 年)(第一卷图 29-1)。大邱庄镇由村庄演进、发展而来。古时,这里为一片低洼盐碱滩地,明永乐二年(1404 年)建村。20 世纪 90 年代,村级经济发展迅速,1993 年 11 月由 4 个村合并撤村建镇。1996 年人口为 0.5 万,但经济繁荣,吸引大量外来人口入住,一时间成为天津市,乃至全国的名镇。它是一座以钢铁行业为主的工业强镇,钢材加工生产能力曾经占天津市的 1/3;工业园区、新镇建设以及生态建设均取得显著成绩。

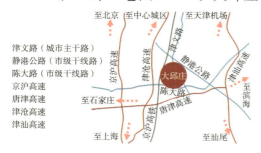

第一卷图 29-1　大邱庄镇的地理位置

从行政区划体制视角看,大邱庄镇为全国早期直接由"村"升格为"镇"的典型。1998 年暑期,在民政部区划地名司支持、上海市民政局区划处带领下,中国行政区划研究中心全体人员专程前往天津参观学习,对天津这样的大城市及其郊区乡村城市化进程中的行政区划体制改革经验留下深刻印象(第一卷图 29-2、图 29-3)。

第一卷图 29-2　率中国行政区划中心成员访问大邱庄镇(1998 年夏)

第一卷图 29-3　大邱庄镇的商业街(1998 年夏)

30. 运河漕运枢纽：杨柳青镇

杨柳青镇位于天津市西青区北部，为区府驻地，因沿河种植杨柳得名，为中国历史文化名镇。2017年拥有土地面积64平方千米、人口11万，是天津市和环渤海地区最大的乡镇之一。京沪铁路经此，南运河、子牙河、大清河三河在此交汇，环城而过，水陆交通十分便利，其水路进津入海，优势明显。杨柳青古镇因河而兴，明清时期，是运河漕运重要枢纽、中国北方商贸流通和文化交流集散地，商业繁荣，被誉为"沽上小扬州"；文昌阁、戏楼、牌坊为之三宝，书院众多；古镇以杨柳青木版年画驰名，民间刻砖艺术高超，古风独特。

改革开放后，杨柳青镇修复了"石家大院""安家大院"，明清街，年画作坊，崇文书院，平津战役天津前线指挥部旧址等，展现了古镇的古典风格和文化气息，被天津市政府命名为民俗文化旅游区，文化产业蓬勃发展。杨柳青镇还是天津汽车配套产业的重要基地。

1998年，我首次去天津，在弟子陪同下访问了杨柳青镇，参观了石家大院（第一卷图30-0）。

第一卷图30-0　石家大院留影（1998年12月）

31. 好奇：看天津人冰钓

冰钓对我来说十分陌生。2009年我们居住在富力城，第一次在北方城市过冬，一个天气晴朗的上午我去海河边闲逛，眼见在狮子林桥下，不少家长带着孩子在冰上溜达、滑行，时不时还看到一些中老年人在冰河上聚精会神地钓鱼，甚至冬泳。这个场景在南方城市是看不到的！接着，又去三岔河口北运河的北侧转了一大圈，冰钓的人似乎更多。他们身穿厚厚的大衣，坐在一把椅子或板凳上，旁边放着一个水桶，聚精会神地等候冰下的鱼儿上钩，有的还把自行车放在冰河上（第一卷图31-1至图31-3）。

2019年元月，偶尔在网上看到一则新闻，13日京津冀三省市体育局支持的钓鱼协会在

第一卷图 31-1　冰钓 1（冰钓是天津人的一大喜好。2009 年 12 月）

第一卷图 31-2　冰钓 2（冬季天津海河上一道亮丽的风景线。2009 年 12 月）

第一卷图 31-3　海河冰面（冬季的鸟儿在上面觅食、飞翔、悠闲。2020 年 1 月）

北京市延庆区旧县镇盆窑村清泉垂钓园举办第二届迎冬奥·京津冀冰钓联谊赛网络直播，累计观看量达 2.2 万人次。进一步确信，有组织地开展群众性冰钓活动，对提高冬季群众运动的参与度、健身强体有积极意义。

　　2020 年的新春前夕，我居然在北安桥畔的冰河上行走，亲身体验了一不小心就会滑倒的滋味！此时，我才感受到冰钓作为北方冬季群众健身运动项目，那种独特的情趣。只不过，作为局外的南方人很难承受长时间在冰河上坐着受冻的煎熬。

32. 新冠疫情下难忘的天津椿萱茂·璟湾 107 天

　　2020 年是个特殊的年份，对我和老伴来讲，是一段难忘的时光。突如其来的新冠病毒，让我们在天津椿萱茂·璟湾长者社区封闭了 107 天！在这段不短的时间里，我心系国事，情系民生，融入社区，乐观生活，度过了人生中极有意义的时光。

4月28日，我们回到上海的椿萱茂·虹湾生活。5月6日，我以"疫情防控下的璟湾107天"为题，和上海的弟子们做了一次交流，其内容涉及过年、活动、防疫、写作、摄影、交友、生活等方方面面。我的弟子、上海江东书院创始人韩可胜为此次活动做了报道，在网上广泛流传。包括以下内容：

——疫情初期，第一时间在澎湃新闻发表了"从'新肺'疫情看国家治理现代化，提出了十点思考的建议"，中国地理学会官方公众号2月18日全文作了转载。

——利用这段时间进一步梳理学术人生，在完成120万字"我的地理人生2"书稿校核，并于7月出版的基础上，又撰写了"我的地理人生3"近10万字的文稿。

——在不能外出，甚至不能开窗的日子里，在璟湾隔着玻璃拍摄大量海河沿岸的景观照片，涉及海河、古文化街、周边的建筑、意大利风情街，以及伴随疫情控制好转后的天津市城市生活的动态，海河上坚冰的解冻，对天津城市发展的思考，甚至特别思索了建立天津海河养老产业带的可能性等有关规划布局的设想。

——在与天津长者们互动、交友、生活过程中深入了解和体验天津的人文和文化特质、生活习性，和长辈们和谐相处、快乐生活，思考中国当下和未来养老的问题。

一场无情的疫情，我们被迫在天津生活的107天成为我晚年人生中极具意义的记忆（第一卷图32-1至图32-8）。

第一卷图32-1　疫情初期入住天津椿萱茂·璟湾（2020年2月）

第一卷图32-2　天津椿萱茂·璟湾15楼海河全景（2020年2月）

第一卷图 32-3　在天津椿萱茂·璟湾隔窗观看海河夜景和晚霞时分的古文化街（2020 年 2 月）

第一卷图 32-4　在天津椿萱茂·璟湾吃了一餐暖心的火锅饭（2020 年 2 月）

第一卷图 32-5　在天津椿萱茂·璟湾 15 楼每天做功课的场所、与老伴的夜拍（2020 年 1 月）

第一卷图 32-6　疫情期间天津椿萱茂·璟湾的养老生活留下永久记忆（2020 年 1 月至 4 月）

第一卷图 32-7　天津椿萱茂·璟湾长辈们的快乐生活、15 层窗口留影（从 15 层窗口看外部世界是我每一天的享受。2020 年 1 月至 4 月）

第一卷图 32-8　难忘在天津椿萱茂·璟湾长者社区的短暂生活（2020 年 4 月）

第一章　京津冀　| 069

33. 首都影响下天津的发展

天津这座城市在京津冀地区扮演了重要角色，但发展曲折。除了受其自身地理区位、资源、水运交通等多因素的影响之外，还始终与相距121千米的都城北京和其"母胎"河北省相关联。未来的天津将在京津冀协同框架下实现科学的高质量发展。

回顾天津市建制的近现代历史，天津行政地位的多变性、功能定位的不确定性及受跨区域省级政区体制的影响，在一定程度上对天津发展产生了制约。

新中国成立前的天津曾经为亚洲第二大城市，新中国成立后天津得到了长足发展，成为大陆三大经济、金融、贸易和航运中心之一。改革开放之后，经济发展相对滞后于国内许多大城市，与首都北京的差距越来越大。直到2006年，滨海新区上升为国家战略，天津的发展才重新走上快速之路，但近几年又迅速下滑。

为何改革开放之后天津经济发展反而受阻？除了天津自身的因素之外，与首都的空间邻近性、"首都独大"的思想和全能的功能定位有关，特别是在中国转型期"行政区经济"运行规律作用下，天津在京津冀区域竞争中往往处于弱势地位，经济发展受阻。

改革开放的过程是中央与地方省区市利益关系调整的过程，中央权力的下放，极大地刺激了地方政府发展经济的积极性，在京津冀区域竞争中，首都北京具有突出优势，为了把首都建设成为全国的政治、经济、文化中心，财力、物力、人才空前向首都集聚，北京市成为一个摊大饼式的庞大都会。在这一背景下，天津尽管也是直辖市，但无法与中央政府所在地的北京公平竞争。天津市长期在首都"阴影下"艰难前行。最具说服力的例子是港口的布局与建设。天津自古以来就是首都北京的门户城市、主要出海口。按照常理，北京庞大的对外海上出口贸易，首选应该是天津，因为天津港有着巨大的港口吞吐能力。然而北京在寻找庞大运量的出路中，却把立足点放在河北省，选择地震多发区域的唐山建设了自己的港口——京唐港。

因此可以说，北京如果是非经济中心的功能定位，北方经济的第一城将非天津莫属！按城市—区域发展的自然规律，京津实行科学定位和合理分工，天津的经济能量、城市的影响力以及对区域、国家的贡献和国际影响力远比现在大得多。

有人说，天津如果留在河北不直辖可能发展得更好，此话有一定道理。但如果首都的功能不改变，恐怕仍然是天津发展最大的制约因素。

进入京津冀相向发展、首都功能新定位的时代，天津如何加快发展？北京非首都功能对天津有何影响？雄安新区的建设，天津如何对接？在京津冀大空间战略中，天津应该扮演什么角色？未来的天津，是面向大海还是拥抱北京？这些都是值得人们思考、迫切需要解决的战略性大问题。

规划资料显示，作为京津合作示范区，在西距天津市区20千米，南距天津滨海新区核心区15千米处，隶属于北京市的清河农场，正在建设一座承接北京非首都功能的"未来智慧城"，不久，天津老城区、滨海核心区和未来智慧城将成为华北板块的经济协同发展的一个三角区，这将对天津市域的城市空间格局产生重要影响。

（三）河北省

34. 太行山下，华北平原的腹地

河北是环抱首都北京并与天津为邻的省级行政区，因位于黄河以北得名，《禹贡》中为冀州地，简称冀，省会城市是石家庄。全省下辖11个地级市、21个县级市、94个县、6个自治县，其面积为18.88万平方千米、总人口7 460万（2020年）。

河北位于太行山东侧，燕山南麓，太行山—伏牛山之东，东邻渤海，自南而北与山东、天津、辽宁为邻；北、西、南分别与内蒙古自治区、山西与河南两省相接。为中国的第二大平原——华北平原的腹地，唯一兼有高原、山地、丘陵、平原、湖泊和海滨的省份；省域地势低平，耕地连片，人口众多，属暖温带季风气候，地理和人文环境优越，农业发达，是小麦、棉花、花生、芝麻、烤烟等的产地，也是温带果品苹果、梨、柿、核桃、板栗、红枣等的主产区。大陆海岸线长，盛产海盐，石油天然气资源丰富。

千百年来的农业耕种，京津冀城市人口和产业的高密集，使原本降水就不太丰富的河北平原用水问题日益加剧，地下水位下降，生态环境日益成为经济社会发展、生产—生活中最严重、最难以解决的区域问题。

河北是我走过路过最多的省份之一，足迹涉及山区、平原和滨海，覆盖省域东南西北的城市和乡村（第一卷图34-1至图34-5），主要集中在京沪、京广两条铁路沿线。数十年来，我每次乘坐火车或高铁北上京津，都会在车厢默默地注视着窗外，当列车过南京、入江北，经安徽、跨淮河，很快就被一片平原的良田所吸引。常常会下意识地寻找南北方的景观分界线，如麦子的高矮、青黄程度、收割时日的差异等。秋春季节，每当经过山东济南、跨越黄河，那一望无边的华北大平原是另一种田野景观，小麦出芽晚了、长势矮了，收割也要晚上几天；村庄的密度低了，树木似乎也少了。这是我沿途地理考察的习惯性认知。

新中国成立70多年来，河北省经历了不同的发展阶段。2017年4月，中共中央、国务院决定设立河北雄安新区，河北省进入一个新的发展时期。在京津冀协同发展的大框架下，河北省的城市体系、空间格局、产业结构和生态生活必将发生"质"的巨变，我以为功能定位、生态和城市空间格局是河北省首要解决的空间战略性课题。偶然中看到一篇相关网文，读后颇有感触❶，思绪多多。

---

❶ 据美国有线电视新闻网（CNN）2018年8月1日报道，国际气候科学家发布的最新科研结果表明：全球变暖导致极端天气增加，中国华北平原地区，可能在2070—2100年期间，成为世界上最致命的高温区域，不适合居住。对于这篇报道，中国科学家——中国气象科学研究院气候系统研究所副所长祝从文接受《中国科学报》记者采访时表示："该论文通过气候模型进行未来气候变化预估，具有一定的科学性，同时也带给我们一定启迪，如何提高人类对气候变化的适应度的问题值得关注。"他同时指出，"这仅仅是基于假设温室气体排放情景下的气候模型预估"，"未来气候演变究竟如何，还存在很大的不确定性"。尽管如此，科学家们普遍认为：论文指出的潜在危险为人类活动举起了警示牌，当然包括中国。我以为，华北平原，特别是京津冀核心区域的规划建设需要认真考虑这一不确定因素，及早采取相应对策，防患未然。

第一卷图 34-1　冀北隆化县茅荆坝国家森林公园景区及服务区全图（2020 年 10 月）

第一卷图 34-2　茅荆坝服务区外景（该服务区环境优美，建有豪华的卫生间。2020 年 10 月）

第一卷图 34-3　茅荆坝服务区留影（2020 年 10 月）

第一卷图 34-4　由天津进入河北省廊坊境内的农村景象（2020 年 10 月）

第一卷图 34-5　石家庄（石家庄是冀南交通枢纽，西行过太行天脊即进入山西高原。2020 年 10 月）

35. 非首都功能转移与雄安新区建设

中共中央、国务院作出的北京市的新功能定位和非首都功能转移，以及建设雄安新区的重大战略决策，给河北省带来了绝好的长期发展机遇，省域空间格局将会发生巨大变革。这种影响和变革将是持久的，它意味着在未来以首都为核心的京津冀协同发展中，河北省的地位、实力和影响力将得到提升,三省市的关联、分工合作发展将更加紧密。

最关键的着力点是在河北省的几何中心将人造一个特大城市——雄安新区,一座与众不同的、国内外不能小觑的现代化产业—科技—人文宜居、独特的城市!其关键的原动力则是北京的非首都功能转移。

雄安新区是由河北省管辖的国家级新区,2019年8月,设有中国(河北)自由贸易区雄安片区,是京津冀协同发展的一项重大决策部署,具有深远的战略意义。雄安新区由河北省雄县、容城和安新三县及周边部分区域组成,近期面积约为100平方千米、中期面积200平方千米、远期面积2 000平方千米,现有常住人口约120万(2020年)。雄安地处北京、天津与河北省保定腹地,地理位置极为优越,与京津两市具有邻近性特征,城际交通的通达性条件优越;新区为海河支流之一的大清河水系冲积平原,地势平坦、开阔,境内有华北最大的淡水湖泊——白洋淀,水资源环境比较优越。

2019年5月,得到上海市规划局石松同志的帮助,在原雄安新区规划局干部联系安排下,我有幸进入参观,一同前往参观的还有华林甫、马海龙(第一卷图35-1至图35-4)。参观过程中与陪同人员进行了简短交流,发表了几点感言,是我人生中一个难忘的记忆。

第一卷图35-1　河北雄安新区管理委员会留影(2019年5月)

第一卷图 35-2　赴雄安新区途中（2019 年 5 月）

第一卷图 35-3　北京高铁直通白洋淀（2019 年 5 月）

第一卷图 35-4　雄安新区白洋淀景区留影（2019 年 5 月）

36. 省会城市石家庄的新定位

石家庄本为获鹿县的一个小村庄，因京汉铁路和正太铁路的修建而渐兴。1925 年与休门镇合并设立石门市政公所，1938 年设石门市，1947 年改名石家庄市，1968 年河北省省会由保定迁此，1978 年升为地级市[1]。

石家庄市位于太行山东麓，河北省西部南隅，今河北省的省会，下辖长安等 6 个区，

---

[1] 引自史为乐主编的《中国地名语源词典》一书第 36 页，上海辞书出版社，1995 年。

平山、井陉等12个县，代管辛集、藁城、鹿泉、晋州、新乐5个县级市，市域面积为1.35万平方千米、人口990万。

石家庄市域是华北平原传统的棉粮生产、棉纺织工业生产基地；京广、石太、石德铁路及多条高铁经此，为华北地区重要的交通枢纽。确立省会以来，石家庄经济迅速发展，城市规模迅速扩大，已经成为河北省最大的、综合性经济中心城市（第一卷图36-1至图36-7）。

改革开放之后，我多次进入和路过这座城市，对其交通枢纽的重要地位有较深认识，从上海去山西太原、冀南的邢台、邯郸等地考察，从京津去山西的昔阳大寨、太原，过吕梁山区，入陕北，都要经过石家庄，甚至在此转车。这座城市有我的学生。21世纪初，在中央政府大力推进城市社区建设时期，我还应邀前往石家庄做报告，参观革命圣地西柏坡纪念馆。我感受到这是一座英雄的红色城市，建有石家庄解放纪念碑，华北烈士陵园（内有白求恩墓、柯棣华墓），它是新中国成立之后规划建设的新兴城市，棉纺织和医药工业在全国有名。

应当指出，站在河北省特别是省会城市石家庄市自身的角度看，雄安新区规划建设对之影响较大。我以为，近期河北省有限的财力必然会分散一部分用于雄安新区的建设，不免会对省会石家庄市产生一定影响，但从长远看，雄安新区将会促进和拉动省域经济的发展，大大增强省域经济实力，从而在京津冀融合发展中提升河北省的话语权。

第一卷图36-1　河北博物院1（2021年10月）

第一卷图36-2　河北博物院2（2021年10月）

第一卷图 36-3　新中国铁路特等站——石家庄站（石家庄是一个"拉来的城市"，它拉来了繁荣。2021 年 10 月）

第一卷图 36-4　与火车站连接的汽车站（石家庄客运总站。2021 年 10 月）

第一卷图 36-5　解放纪念碑、华北烈士陵园（2021 年 10 月）

第一卷图36-6　石家庄市中心商业大厦（2021年10月）

第一卷图36-7　河北师范大学原校址（这是一所百年历史的老校，今校址在市南二环东路。2021年10月）

37. 参观西柏坡纪念馆

1999年冬季，我应中共石家庄市委组织部的邀请，专程前往石家庄市为社区培训班学员做专题报告，传播全国社区建设的经验，畅谈我对中国城市社区建设的方向性观点，以及参与建设中国特色城市社区理论与实践的体会。

这是在民政部基层政权与社区建设司、中共华东师范大学党委的支持下，于1999年9月创建的华东师范大学中国城市社区建设研究中心与民政部社区司联合举办的首届全国社区建设规划高级研修班（被称为"一期黄埔"）所产生的一个"扩散效应"❶。石家庄市委组织部学员在参加了研修后，回到石家庄即举办了街道办事处和社区居委会干部培训班。

讲课结束之后，市委组织部同志安排前往西柏坡中共中央旧址进行了认真翔实的参观。

西柏坡中共中央旧址为全国重点文物保护单位，位于河北省太行山区平山县西部柏坡岭下，距石家庄市约90千米。地势险要，易守难攻，为1948年5月至1949年3月中共中央的所在地。毛泽东等在此指挥了辽沈、淮海、平津三大战役。中国共产党七届二中全会（全称为中国共产党第七届中央委员会第二次全体会议）在此召开。新中国成立后建有纪念馆，1956年因兴建岗南水库，旧址北移。现旧址为西柏坡—天柱山风景名胜区的重要组成部分（第一卷图37-1至图37-4）。

西柏坡，"新中国从这里走来"，毛泽东在此发出了"两个务必"的号召，即"保持谦虚、谨慎、不骄、不躁的作风"和"保持艰苦奋斗的作风"。它是党和国家宝贵的精神财富。

第一卷图37-1　在中国共产党七届二中全会会址前合影、
"新中国从这里走来"背景留影（1999年12月）

第一卷图37-2　西柏坡纪念馆留影（1999年12月）

---

❶ 参见刘君德所著《我的地理人生：涉足山区·致力政区·钟情社区》一书第191—192页，东南大学出版社，2017年。

第一卷图 37-3　因兴建平山县岗南水库，西柏坡原址淹没，新址北移（1999 年 12 月）

第一卷图 37-4　西柏坡天柱山景区的真武祠、魁星阁留影（1999 年 12 月）

38. 省域大港：唐山·秦皇岛·黄骅

河北省濒临渤海，其大陆海岸线长 487 千米、岛屿岸线长 178 千米，港口建设具有得天独厚的优势。京冀两省市庞大的工业规模，特别是占比较高的能源、重化工等大运量行业，加上腹地山西、内蒙古等省区大运量的煤炭输出需要，省域港口建设的需求很大，唐山、秦皇岛、黄骅为省域三大港口。截至 2019 年 11 月底：唐山港完成货物吞吐量 5.7 亿吨，远超天津港，跻身中国前三，形成以内陆港为节点、东出西联、陆海联动的内陆港框架体系；秦皇岛港口货物吞吐量为 2.15 亿吨；黄骅港吞吐量达 2.6 亿吨。

2020 年国庆，我专程前往唐山港拍摄了最新的照片，虽然天色已是傍晚（第一卷图 38-1 至图 38-3）。

第一卷图 38-1　唐山地震遗址纪念公园、唐山地震博物馆（1976 年 7 月 28 日 3 时 42 分 53 秒发生的 7.8 级唐山大地震。2020 年 10 月）

第一卷图 38-2　唐山地震博物馆门前广场（2020 年 10 月）

第一卷图 38-3　唐山港及周边（2020 年 10 月）

应当指出，河北省沿海的港口布局与功能定位在较长一段时期内处于摇摆不定状态，"争项目""抢货源"，行政区空间分割现象在省域港口的开发利用上表现得十分突出。

针对上述情况，河北省政府办公厅印发《关于加快沿海地区开放开发的实施方案》，对省域三大港口的功能定位进行重大调整。秦皇岛将坚持以城定港，唐山则以产兴港，黄骅坚持以港带城。秦皇岛港的煤炭运输和传统散货功能，将被唐山承接，而唐山港和黄骅港要强化集装箱运输。

我以为，在推进"京津冀一体化"的空间战略大背景下，河北省的港口布局与功能分工要在京津冀三省市的整体布局、大空间利益共享的原则下，规划本省港口的建设与功能分工，特别是要处理好与天津港的分工合作关系；同时，还要充分预估雄安新区建设、京津雄新三角的逐步形成对港口布局与功能分工影响的新因素，以及山西、内蒙古东向发展、经济联系对港口的需求。

39. 走进环京津贫困带

"环京津贫困带"的概念是 2005 年 8 月，由亚洲开发银行资助的一份调查报告首次提出的。在地处国际大都市北京和天津的周围，居然环绕分布着河北的 32 个贫困县、3 798 个贫困村，年均收入不足 625 元的 272.6 万贫困人口❶。如果以 150 千米的直线距离计算，与北京接壤的河北省张家口、承德、保定三市域就有 25 个国家级和省级贫困县，因此称其为"环京津贫困带"名副其实。这一现象世界特有，中国稀有，必然引起中外广泛关注。

对于这一现象，我早有思考，在中国也有许多地方，如长三角的苏皖、浙皖边界，珠江三角洲与外围的粤北山区等同样存在。20 世纪 90 年代，我们把它称之为省际"行政区经济"现象；京津冀三省市行政区划的"刚性约束"导致在京津两个直辖市外围出现了"贫困带"。很显然，京津两市（特别是首都北京）囿于自身地盘的建设与发展，难以（也不会）顾及不属于自身管辖范围——河北省"贫困带"的建设与发展问题；而河北，在财力有限的省情下，将重点放在建设省会城市——石家庄和沿海城市，做大做强省会和港口城市，自然难以顾及京津周边；最"倒霉"的应该是夹在京津之间的廊坊市了。受东西两个直辖市的行政区阻隔，河北省资金的少投入，地理区位极为优越的廊坊经济发展滞后乃属必然！

2010 年暑期，弟子马海龙副教授驱车带我和老伴考察了"环京津贫困带"，体验了这个非正常的"激变地带"（第一卷图 36-1 至图 36-7）。途经贫困县乡，眼前的一幕——坑坑洼洼的道路、破旧的房屋和设施，人走房空，"户穷、村空、乡镇背着大窟窿"❷的凄惨景象真让人难以置信！

截至 2020 年，时光已经过去 10 年，在中央脱贫方针引导下，在河北省努力、首都支持下，这个特殊的"贫困带"正在逐步消失。未来，在京津冀空间发展战略导引下，特别是"雄安新区"的布局和建设，"贫困带"将融入现代京津都会区和京津冀城市群，生产、生活、生态将发生质的变化。人们期待着这一天早日到来！

---

❶ 参见亚洲开发银行技术援助项目 3970 咨询专家组所编的《第三只眼睛看河北：河北省经济发展战略研究报告》，中国财政经济出版社，2005 年。

❷ 在该贫困带中，2009 年有国家和省级扶贫开发工作重点县 25 个（其中 20 个为革命老区县），贫困村 2 804 个，贫困人口 154 万，占河北省贫困人口总数的 42%。且随着时间的推移，该地区与本省和周边北京远郊县区的贫富差距在不断拉大。同年年底，首都周边这 25 个贫困县的农民人均纯收入、人均 GDP 和人均地方财政收入，不足北京周边县（区）的三分之一、四分之一和十分之一。其中，赤城县 2009 年农民人均纯收入 2 645 元，分别是毗邻的北京延庆县的 25.26%、怀柔区的 24%；财政一般预算收入 2.07 亿元，是延庆县的 32.6%、怀柔区的 12.57%。行路难、吃水难、脱贫致富难上难！——摘自百度百科

第一卷图 39-1　从天津进入河北时的途中问路（2010 年 8 月）

第一卷图 39-2　环京津南侧河北省廊坊境内的城乡景象 1（2010 年 8 月）

第一卷图 39-3　环京津南侧河北省廊坊境内的城乡景象 2（2010 年 8 月）

第一章　京津冀　| 083

第一卷图 39-4　廊坊市东方大学城（2010 年 8 月）

第一卷图 39-5　廊坊市城区角落（2010 年 8 月）

第一卷图 39-6　颇有文化品位的涿州服务区（2010 年 8 月）

第一卷图 39-7　路经涿州市修缮中的永济桥（2010 年 8 月）

40. 入住涞水县，参观野三坡地质博物馆

在去张家口的途中，我们在涞水县入住时参观的野三坡国家地质博物馆，很是过瘾。

野三坡是保定市涞水县境内的国家 5A 级风景名胜区，面积为 498.5 平方千米，地势自南向北渐渐升高，野三坡分上、中、下三坡。因其地处太行山脉和燕山山脉交汇处的构造位置，居于紫荆关深断裂带北端之上，亿万年来强烈的构造运动和岩浆活动造就了野三坡山地内容丰富、类型齐全、独具特色的地质遗迹，被称为天然的地质博物馆，一部生动的地质教科书！

野三坡具有原生态的"野"性特质，动植物资源丰富。资料介绍，野三坡共有种子植物 92 科 713 种，蕨类植物 15 科 65 种，药用植物多达 200 余种，与植物相伴栖息的野生脊椎动物达 184 种，其中国家重点保护动物 15 种，如褐马鸡、黑鹳等，堪称"天然植物园"

和"野生动物王国"❶。

野三坡的山体十分陡峭。老伴体弱，险峻之处只得"坐轿"前行。在野三坡，领略山体地质构造的复杂多变，古岩石的多姿多彩，原生植被的多样性，上了一堂以地质为基础、生动的综合自然地理课，收获多多（第一卷图40-1至图40-10）。

第一卷图40-1　入住涞水县盛世国际酒店（2010年8月）

第一卷图40-2　涞水县的旅游观光车（2010年8月）

第一卷图40-3　雨天前行（进入丘陵山区，驴马成为旅游观光的重要交通工具。2010年8月）

---

❶ 参见刘清源的《世界地质公园·野三坡》，河北大学出版社，2007年。

第一卷图 40-4　规模不大的涞水县老县城（2010 年 8 月）

第一卷图 40-5　野三坡景区及留影 1（2010 年 8 月）

第一卷图 40-6　野三坡景区及留影 2（走进野三坡，老伴体力不支，只能坐轿前行。2010 年 8 月）

第一卷图 40-7　天桥、山顶怪峰留影（2010 年 8 月）

第一卷图 40-8　外力作用形成的"波痕"、钟乳石（2010 年 8 月）

第一卷图 40-9　野生青檀（山顶特有的原生植物。2010 年 8 月）

第一卷图 40-10　夜宿涞水县野三坡山水一方度假村留影（2010 年 8 月）

41. 路经涿州·涿鹿

离开野三坡，前往张家口，一路爬高，气候越发凉爽，经过保定市代管的涿州市，进入张家口市管辖的涿鹿县等许多历史要地，自然风光独特，人文古朴清净，景点众多。

涿州市在河北省是一个较大的县级市，面积为 742 平方千米、人口 65 万（2010 年），秦置涿县，因涿水得名。西汉为涿郡治，一度改涿县。1986 年设涿州市。地处北京市郊南侧，经济比较发达。涿鹿县位于北京市郊西侧，县以山名，面积为 2 802 平方千米、人口 35 万（2010 年）。西汉置涿鹿县，元朝为保安州，1916 年起改今名。涿鹿山、黄帝城很有名。有大（同）秦（皇岛）铁路经过。在涿州市留下的影像不多，但天气晴朗，地势升高，图像清晰，县城风格独特（第一卷图 41-1 至图 41-5）。

第一卷图 41-1　凉爽的涿鹿县城（该县城地势稍高，依山傍水。2010 年 8 月）

第一章　京津冀

第一卷图41-2　北方特点的县城大市场（2010年8月）

第一卷图41-3　涿鹿最大的菜市场（2010年8月）

第一卷图41-4　涿鹿县城马路（如此宽敞的县城马路，规划设计合理吗？2010年8月）

第一卷图41-5　涿鹿县城里的人晨练（2010年8月）

42. 考察张北高原战略重镇：张家口

我退休之后的环京津贫困带和张家口之行，是从天津出发，经过廊坊市、白沟镇、涿州市、涞水县、涿鹿县，最后到达张家口市。2010年8月的天津，天气还十分炎热，但一到张家口所属、海拔716米的涿鹿县就感觉十分凉爽，这里属温带大陆性季风气候。在张家口，我们逛老城、看新城、爬城墙，去张北，品赏北方风味的菜系，两天时间如同休疗养，非常舒适（第一卷图42-1）。

第一卷图42-1　张家口市市中心建筑（2010年8月）

张家口给我留下印象最深的有以下几点：

第一，张家口的战略位置、作为冀西北地区中心城市的地理意义。张家口位于张北高原，西北高、东南低，阴山山脉横贯中央，分坝上和坝下两个地理区域，市域内洋河、桑干河横贯东西，汇入官厅水库。由于地形、气候以及人文历史的空间差异，这里是自然-经济地理的重要分界线。坝上为内蒙古高原-草原牧区，坝下则为耕作为主的农区，也是汉族与少数民族的分界线。张家口作为两大地理分界线的交界处的中心城市，无疑具有重要意义。

第二，与地理位置相关、在区划上的地缘性重要特点。①张家口西、西南与山西省接壤，北、西北与内蒙古自治区交界，处于河北省域北缘。春秋战国时，张家口北为匈奴与东胡居住地，南属燕国、代国。秦之后，也多为不同行政区的边界地区。这种地缘性特征，对区域发展具有正反两方面的作用。用好它，有利于发展；反之，则对发展不利。挖掘"界"资源，发展"界"文化，是张家口地区发展的一个重要战略思路。②民国十七年（1928年），张家口为察哈尔省的省会，1952年11月察哈尔省建制撤销归属河北，成为省域边缘，对张家口市发展的负面影响不言而喻。③2003年3月原由河北省农垦局管理的察北牧场和沽源牧场划属张家口市，改制为察北、塞北管理区，为张家口市的派出机构，值得研究。

第三，保护老城与建设新城的同等重要性。张家口市是河北省经济发展滞后的地级市，文化古迹得以保留，有"长城博物馆"的美称。较好地保留了"老城"和"城墙"等历史文化资产（第一卷图42-2至图42-6），这是张家口城市规划发展应该重视的问题。

第四，张北地区的科学开发利用。张北地区特殊地理环境的开发利用是一篇重要文章，需要精心谋划。在去张北县考察途中，看到一大片长势良好的春小麦地（第一卷图42-7），引发我对地理环境突变的思考。

如今在太行山和燕山交会的群山之中，兴建的华北地区最大的天然滑雪场——崇礼和赤城滑雪场及北京携手河北省举办的 2022 年冬奥会，大大提升了张家口的国际知名度，促进了市域经济发展。

第一卷图 42-2　保留完好的老城"古堡"（2010 年 8 月）

第一卷图 42-3　古堡内的民居（2010 年 8 月）

第一卷图 42-4　与老城文人世家合影（2010 年 8 月）

第一卷图 42-5　在西门老城墙上观城内古堡民居和搭建的简屋（2010 年 8 月）

第一卷图 42-6　古城墙考察与弟子马海龙合影（2010 年 8 月）

第一卷图 42-7　张北高原一片连片的小麦地（2010 年 8 月）

43. 与恩师严重敏先生在承德

承德在民国和新中国成立初期为原热河省的省会，中国首批国家历史文化名城，新中国普通话标准音的采集地。1955 年撤销热河省建制后，为河北省冀北地区中心城市之一，位于承德市区的避暑山庄及其周围寺庙为中国十大风景名胜区，1994 年被联合国教科文组织批准为世界文化遗产。

承德的避暑山庄，值得写一写的是以下几点：

第一，承德在中国近代史上的特殊政治地位。殷周时期，这里是山戎、东胡等少数民族活动的区域，17 世纪下半叶的 1681 年，清政府在此建立木兰围场。每年秋季，为训练军队，方便皇帝带领数万皇亲国戚前往行围狩猎，在北京至木兰围场 350 多千米的区域，相继修建 21 座行宫，热河行宫——避暑山庄为其中之一。其工程浩大，历经 89 年。帝王们每年秋季都在这里度过，处理重要的政治、军事、民族和外交等国家大事。承德一时成为北京的陪都。

第二，承德在中国多民族大家庭发展史上的重要性。秦汉以后，历代的中央政权都曾在此设置过行政管理机构。在漫长的历史长河中，这里的汉、匈奴、乌桓、鲜卑、库莫奚、契丹、突厥、蒙古等各民族的经济文化得到发展。清为蒙古族、喀喇沁、翁牛特、察哈尔等的游牧地。清康熙四十二年（1703 年）修建行宫，人口剧增；康熙四十七年（1708 年）热河行宫开始使用，热河进入发展期；康熙五十年（1711 年）热河上营成为大村镇。此后，各蒙古王公、朝廷大臣及一些文人争相建设府邸宅院，承德工商业随之快速发展。在避暑山庄周围还依照西藏喇嘛教寺庙的形式修建喇嘛教寺庙群，外八庙像一颗颗星星环避暑山庄而建，象征边疆各族人民和清中央政权的关系，表现了中国多民族国家统一、巩固和发展的历史进程。承德因此成为河北省少数民族人口集聚、占比例最大的地级市。2019 年全市 53 个少数民族人口达 177.4 万，占全市总人口的 46.39%，占全省少数民族人口的 47.31%❶，辖有 3 个少数民族自治县。

第三，承德地区地理的地带过渡性特点与价值。承德地区位于河北省东北部，介于北纬 40°12′—42°37′，东经 115°54′—119°15′。在自然地理上地处内蒙古高原与华北平原的过

---

❶ 承德市人民政府，承德市少数民族基本情况，2020-12-25 发布，索引号：13507/2020-25546

渡带，属温带大陆性季风型山地气候，四季分明，降水丰沛。在行政区划上接近京津，背靠蒙辽，处于华北与东北两个大区的连接地带，地理的地带过渡性特征明显。

第四，承德以避暑山庄为核心、旅游业的地理和文化特殊属性。承德温凉的气候，使之具有特殊的避暑功能。在京津冀城市密集、人口聚集、经济发达的外围区域，有如此美好的夏季避暑胜地，极为难得；冬天虽然寒冷，但由于四周环山，阻滞了来自蒙古高原寒流的袭击，故温度要高于其他同纬度地区；承德避暑山庄是中国三大古建筑群之一，按照地形地貌特征进行选址和总体设计，依山就势，宫殿与天然景观和谐地融为一体，与其他园林相比，风格独特，为南北建筑艺术完美结合的典范。承德享有"中国地理形貌之缩影"和"中国古典园林之最高范例"的盛誉，在中国园林史上具有里程碑意义。

第一卷图 43-1　与恩师严重敏先生合影（20 世纪 70 年代）

20 世纪 70 年代的一个夏季，我与中国著名城市地理学家、恩师严重敏先生一起赴北京开会，会议之余去避暑胜地承德小游，拍下了这张珍贵照片（第一卷图 43-1）。2020 年国庆前夕，我重逢承德，专门去避暑山庄找回当年的记忆。虽然逗留的时间有限，但还是在避暑山庄小留，拍照（第一卷图 43-2 至图 43-4）；询问当年热河省的省会旧址未果，是否已经消失或挪往它处？有点遗憾。

第一卷图 43-2　承德避暑山庄 1（2020 年 10 月）

第一卷图 43-3　承德避暑山庄 2（2020 年 10 月）

第一卷图 43-4　承德避暑山庄及留影（2020 年 10 月）

44. 杂技之乡吴桥：曾经的水污染之痛

1998 年 9 月的一个周末，我在订阅的《中国改革报》（时代周刊）见到第一版整版刊登了醒目大标题"吴桥 19 万群众盼喝清水"的长篇文章，文章曝光了吴桥县（位于河北与山东两省边界，1949 年曾经划归山东管辖，1952 年复划回河北）❶ 主要供水水源——龙王河因受上游（山东境内）排放的工业污水的严重影响，使得吴桥，这个著名杂技之乡的 19 万百姓没有干净的水喝。看完长篇报道，心情十分沉重，彻夜难眠。我敏感地意识到，它是一个跨省污染纠纷！由于行政区划的分割，上游污水排放导致了下游百姓深受其害。

第二天，我奋笔疾书，写了一篇短文，对吴桥现象做了分析，提出了两点建议，随即寄给《中国改革报》，同时也寄给了《解放日报》。几天后解放日报刊载了我的文章；一个月后，《中国改革报》（时代周刊）在第一版全文刊登。我在文章中呼吁借鉴国内外的先进经验，成立跨省区的管理机构，建立环保法院，公平合理地解决跨界的环保纠纷。在国内，恐怕我是最早公开提出该观点的学者之一。如今，国内广泛推行的河长制实际上就体现了我建议的观点。每当我想起这件事都倍感欣慰！

2019 年 5 月 28 日，我独自一人从天津出发专程造访了吴桥县，在这个杂技之乡的县城和杂技公园认真考察了一番，拍摄了许多照片，在小旅馆，在街头，在杂技公园和杂技学校留下脚印，并走访民众，了解乡间民情（第一卷图 44-1 至图 44-5）。

今日之吴桥，县城的规模虽然不大，但人丁兴旺，杂技之乡的名声犹在❷。欣慰的是，跨界的水资源管理问题已经基本得到解决。

---

❶ 参见薛国屏编著的《中国古今地名对照表》（第三版）一书第 34 页，上海辞书出版社，2020 年。
❷ 1957 年县内出土的距今 1 500 多年的北朝东魏时期的墓葬杂技壁画，足以证明杂技历史之久远。新中国成立后，吴桥向全国各地输送了 1 000 多名杂技人才，杂技界有"没有吴桥人，不成杂技班"之说。

第一卷图 44-1　吴桥杂技公园外景 1（2019 年 5 月）

第一卷图 44-2　吴桥杂技公园外景 2（2019 年 5 月）

第一卷图 44-3　热心的大姐、景区指示牌（在这位大姐的帮助下
　　　　　　　坐助动车去杂技艺术学校参观，再回公园。2019 年 5 月）

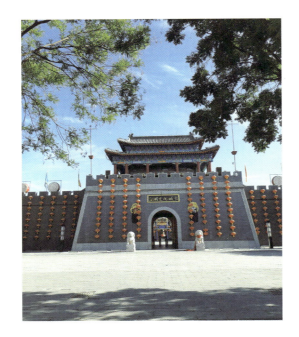

第一卷图 44-4　杂技公园内的江湖文化城、耸立在公园内的杂技雕塑（2019 年 5 月）

第一卷图 44-5　河北吴桥杂技艺术学校（2019 年 5 月）

45. 一个被"肢解"省份发展的思考

作为行政区划的研究者，我看待河北省（第一卷图 45-0）有一种特殊的视角。在中国政治中心所在地、被京津两个直辖市分割"肢解"的河北省如何规划发展，需要认真思考。

（1）形态特殊。河北省的政区形似一个内海湾，廊坊成为守卫河北的海岛，也形似一个大写英文的 C 字拖了一个大尾巴——冀南地区。如此不规则的形态是因为核心地区被首都北京和另一个直辖市——天津"挖走了"。这是作为中国政治中心所在地的必然，是新中国成立 60 年来政区发展演进被"蚕食"的结果。

（2）产业结构与布局特殊。河北省的省域经济发展的结构和空间布局必然受京津两个直辖市的制约。河北省的地理区位最佳、条件最优的"冀中"地区被"独立"或者被"蚕食"，在剩下的地理空间（边缘地区）上做文章，发展经济，无论是在计划经济或是在社会主义市场经济环境下，都受制于政区空间分割、行政区经济发展规律的负面影响，导致省域产业结构和布局的特殊形态。

（3）省域路网格局和城镇体系特殊。河北省如此特殊的政区几何形态，逼迫省会选择偏于南隅的石家庄。我以为，河北实际上是一个无中心城市的省份；省域的路网等所有的基础设施规划和建设、整体形态必然都是一个不规则的系统（不成系统）；省域城镇也很难（甚至没有必要与可能）自成为完整的路网和城镇空间结构体系，它的规划和基础设施建设必须与京津两大直辖市捆绑在一起！

以上三点决定了河北省域经济空间发展的战略构思，在指导思想上，由于省域空间经济结构严重受制于京津两个直辖市的牵制，河北省不具备条件、没有必要"自成体系"，也无法"自成体系"，其空间战略必须与京津两市同步协同推进，构建京津冀完整的经济空间结构体系是上策。特别是交通网络等基础设施建设、港口布局、能源及重化工等产业布局。现实的河北省域可以按照冀南、冀中、冀东、冀北四个地理区，建设各自的区域中心城市。

应当指出的是，雄安新区的规划建设为河北省未来的发展带来福音，河北省新的空间布局规划应该基于京津雄三角（也可以称京津冀）的整体性、全局性考虑与谋划。未来，被"肢解"的河北省有无可能回归于"直隶"？雄安新区崛起后，石家庄怎么办？是一个值得关注和思考的重大问题！

第一卷图 45-0　改革开放初期河北省著名的白沟镇人民政府、白沟箱包交易城留影（2010 年 8 月）

第二章 晋鲁

晋与鲁分别是山西和山东两省的简称，位于京津冀外围的东西两侧。我之所以将其归并为一个地理区域，是基于以下三点：第一，两省共同位于京津冀的外围，向心环渤海，在大空间格局上和与京津冀之间具有紧密联系性。第二，黄河中下游连携着这两个省，有利于规划和共治黄河中下游千年大计的生态建设。第三，两省在地理空间上都具有外缘性、过渡性特征，山西属于黄土高原，是华北区的外缘；山东归属环渤海，为华东区的外缘。从宏观地理区位看，特别是从未来的空间经济运行规律和市场运动轨迹来看，我以为，向心京津冀（雄）、向心环渤海是这两个省的大势所趋，共性所在，其空间战略规划要考虑这一特点，尽管目前两省之间交通联通不足、合作尚未形成。

以京津冀为核心，加强西、东两个方向外围空间的紧密联系，强化晋鲁两省之间的空间关系，发挥各自优势，分工发展很有必要，也有可能。从改善京津冀核心区的生态环境考虑，亟需对两省统筹进行生态规划建设，使之成为京津冀核心区的绿色屏障。

我在晋、鲁两省留下的足迹跨越两个时代：第一次是20世纪60年代前后，我大学刚毕业，被派往山东省进行《经济地理》课程的函授教育，函授点设在烟台，多次前往面授辅导。记得有一次和黄永砥、王柏棠两位老师乘坐海轮班船同往，进入黄海海域遭遇大风大浪，在青岛靠岸时，曾发生王老师在船上画画写生被保安没收画作的有趣故事。第二次是此后不久，我和同事陈永文老师接受国家外文出版局编写《中国地理》的任务，赴北京、河北及山西（昔阳县大寨）等地进行考察，让我对太行山区、黄土高原的自然和人文地理环境有了较深的体验。第二次是改革开放之后，特别是近年对山西、山东两省有目的的考察，感受更为深刻。

需要指出的是，夹在晋、鲁两省之中的河南，同属京津冀外围区，考虑到本卷涵盖的省区市内容过于庞大，将其归入第二卷的"中国东部中区"进行介绍。

（四）山西省

46. 太行山之西，黄土覆盖的高原省份

山西省以太行之西得名，简称为晋，省会城市是太原，西周分封诸侯时为晋国，为郡县制的起源地。山西省在华北平原西侧，东与河北省为邻，西界陕西省，北接内蒙古自治区，南界河南省。全省下辖11个地级市、11个县级市、81个县，其面积约为16万平方千米、总人口3 490万（2020年）。

山西是黄土覆盖的高原省份，地势起伏，地形多样，山多川少，地理环境独特。东北—西南走向的山脉与盆地相间分布的空间格局，使省域形态呈较为规则的平行四边形。山西为中华民族的发祥地之一，有"中国古代文化博物馆"之称；山西是国家"资源型经济转型综合配套改革试验区"，经济结构单一，在经济梯度中处于发展相对滞后的省份。

20世纪六七十年代我先后去过大同、太原、榆次、昔阳县大寨村考察。特别是专程访问了全国农业典型——昔阳县大寨村，参观"虎头山"农业，接受"农业学大寨"的教育。我在发表的《新编中国地理》（合著，上海人民出版社）❶著作中编写了大寨农业地理的内容。

1978年前后，我第一次从北京去山西，坐京广线在石家庄转石太线折向西，穿过峡谷登上山西高原，路上要一两天时间。2018年夏天，81岁的我重逢山西，从天津坐高铁去太原，只需要三个半小时！作为京津冀的外围，山西"近在咫尺"！

2018年夏天的第二次访问是在我的弟子山西财经大学崔庆仙副教授的精心安排、全程陪同下进行的，几乎走遍山西的东南西北中，一周的高强度考察，涉及黄土—沟壑、山区—盆地、城市—村庄、黄河—水库、矿山—农业，以及晋商文化—旅游景点等等，内容丰富多彩，让我对山西的省情和我关注的山西地理问题有了比较清晰的认知。

当我走进山西，眼前是一片黄色的高原土地。黄河在省域西侧自北向南而下，在风陵渡折向东流经豫鲁入海；黄河在山西最大的支流——汾河流域占据了全省的大半片江山，形成临汾、太原、忻州、长治、晋城等许多盆地；省域北部和东侧则为海河水系，桑干河串联着大同、朔州盆地，面积较小；省域东侧为高高隆起的太行山，海河上游大小支流穿越太行山脉，顺流而下直奔华北大平原，再入渤海；西侧邻居同属黄土高原的陕西，被滔滔黄河拦隔。北部基本以长城为界与内蒙古自治区为邻。太行山、阴山、长城、黄河、王屋山等山川将山西省版图牢牢"圈围"，形成一个"封闭""独立"的地理单元。

古代至近代，山西几乎是一个"独立王国"，从军事上看山西，它易守难攻，地理位置十分优越。千百年来，在这片独特的高原上，发育了独特的山西经济、社会、文化、生态一体化。

作为一名地理工作者，我对地表水土问题有着一种特殊的敏感性。山西省位于黄土高原腹地，是全国水土流失最严重的省份之一。据资料，山西省的水土流失面积达10.8万平方千米，占全省土地总面积的69%！很多地方水土冲刷，良田变沟壑，严重影响农业生产

---

❶ 参见刘君德、陈永文编著的《新编中国地理》一书，上海人民出版社，1986年。

和群众生活。黄土研究一直是山西，乃至全国地理界关注的主要课题。此次山西之行，水土流失自然是我关注的重点问题！

我们的考察车奔驰在高原的高速公路、国道、省道，甚至乡道，到处都可以看到护坡工程，昔日的沟壑已经相对稳定，高原沟壑边的绿油油的玉米长势喜人！山西在治理水土流失方面下了大功夫。至2018年，全省共治理水土流失面积6.67万平方千米，水土流失治理度达到61.8%，成绩喜人。根治水土流失，走"绿色"生态发展之路，永远是山西实现可持续发展之道（第一卷图46-1至图46-4）。

第一卷图46-1　山西黄土高原地形地貌（临汾市永和县乾坤湾乡索珠村。2018年8月）

第一卷图46-2　被切割黄土的梯级耕垦利用（临汾市永和县。2018年8月）

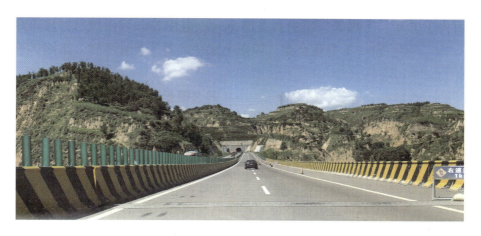

第一卷图 46-3　公路两侧被侵蚀的黄土高原（2018 年 8 月）

第一卷图 46-4　黄土高原乡村传统民居——依托黄土的窑洞
（该窑洞位于大宁县 209 国道韩家村。2018 年 8 月）

47. 晋商：历史的辉煌

晋商通常是指明清时期的山西商人，为中国十大商帮之首，以经营盐业和票号出名，民间有说"只要有麻雀的地方，就有山西商人"，可见，当年晋商分布之广。本次考察的太原老城（曾是晋商故里）、晋祠、平遥古城、王家大院，以及镖局博物馆等（第一卷图 47-1、图 47-2），是我首次针对晋商的旅行。

春秋战国时期，晋国重视经商，实行"轻关易道，通商宽农"的政策有力推动了贸易发展，是晋商发展的起源。明代，晋商已闻名全国。清初，借着前期对平定准噶尔叛乱输送物资，甚至传递文书情报的友好关系，得到清政府特殊照顾的山西商人垄断了中国北方贸易和资金调度，而且插足整个亚洲地区，甚至把触角伸向了欧洲市场。遍布全国各地的山西会馆是晋商辉煌的见证。据考证，从 1656 年到 1888 年，晋商在全国各地建立的山西会馆有 500 多座，号称晋商商业帝国。

第一卷图 47-1　晋商的发源地——太原老城、晋祠（2018 年 8 月）

第一卷图 47-2　山西平遥古城的中国镖局博物馆（2018 年 8 月）

　　晋商之所以发育发展：一是外部地理环境。山西处在中原和蒙古的交通要道上，有利于开展大区域的商贸活动。二是山西丰富的矿产资源和相对发达的手工业、加工制造业，这些为晋商发展提供了物质基础。三是宽松的政策环境，这是晋商发展的契机和动力。

　　值得一提的是"山西票号"在晋商发展中的重要作用。我们参观了位于平遥古城东大街路南 22 号"日昇昌"票号，这个华北第一的镖局博物馆，真实再现了清代乾隆以来我国镖局的独特风貌（第一卷图 47-2）。简短的介绍，给我上了一堂生动的中国保险史课，受益匪浅。

　　镖局又称镖行，是收人钱财，凭借武功，专门保护财物或人身安全的机构。镖局现于清朝早期,当时晋商外出贸易要现银支付,在赚到钱之后,为确保安全,需通过镖局运回现银。为此,创立了"日昇昌",专事汇兑、存款和放贷业务,保镖行业应运而生,镖局随之成立。一时间山西商人的金融业遍布天下。清朝后期,晋商渐渐衰落;民国时期,军警武装押运出现,镖局也陆续退出历史舞台。

进入当代,山西一度又因煤而起,但好景不长,"煤老板的疯狂""一煤独大"又使这个资源大省成为富饶的贫困之地。

晋商的成功靠的是诚信、智慧和坚韧不拔的毅力与团结,这种经营理念和精神,不仅对山西,乃至对当代中国发展依然十分重要。弘扬当年晋商的精神、走头脑+技术的新路、激发创新活力乃是山西发展之正道。

48. 世界文化遗产:云冈石窟·平遥古城·五台山

山西省拥有世界三大文化遗产——云冈石窟、平遥古城和五台山。这三处我有幸都去过。它们的共同特点是时代久远,保留完好,建造独特,内涵精深,极具世界文化价值。

(1) 云冈石窟

20 世纪 60 年代,我在北京大学短期进修期间曾经去看望在山西大同煤矿工作的妹妹一家,详细参观了云冈石窟。其石刻工程之浩瀚,艺术之奇异,令人震撼!

云冈石窟,位于大同市西郊武周山南麓,东西绵延长达 1 千米。有数十个大小洞窟,50 000 多个石雕造像,为中国规模最大的古代石窟群!云冈之名始于明嘉靖年间,早在北魏就已在此开凿石窟。千余年来,时废时修。1952 年设置专门保护机构,石窟得以保护。

云冈石窟记录了中亚和印度佛教艺术向中国发展的轨迹及佛教造像"中国化"的过程,是多风格佛教艺术的融合见证,被誉为 5 世纪中国雕刻艺术之宝库(第一卷图 48-1)。作为中国古代北方游牧民族(鲜卑族)建立的北魏王朝的文明精华,2001 年 12 月被联合国教科文组织列入《世界遗产名录》。

第一卷图 48-1　云冈石窟(2014 年 10 月)

(2) 平遥古城

平遥古城是中国四大古城之一,是我们此次山西省考察的重点内容之一。2018 年的 8 月初,我们从太原出发,走高速两个小时就到达平遥。入住一家客栈(第一卷图 48-2)。参观的第一个景点——平遥县署,人很多,几乎找不到一个好的角度拍照;中午在一家颇

第一卷图 48-2 平遥古城的一家客栈留影（2018 年 8 月）

具特色的面馆用餐后，登城墙，看文庙，再去镖局。一路拍照，收获良多。

位于山西省中部平遥境内的这座古城，始建于西周宣王时期，距今有 2 700 年的历史，它是中国保存最完整的县城，县署、城墙、文庙、镖局、邮局、大街小巷、石板路，特别是一大批明清时期的民居古屋，保存完整（第一卷图 48-3 至图 48-8）。导游说平遥古城差一点被拆除，只因没钱而放弃。如今，平遥的保护给平遥人带来繁荣和欢乐。全县 30 万人，一半以上以古城为业，仅导游就达千人！1 000 多家客栈年收入都在一二十万！

我走在古城的街巷，仿佛回到了家乡儿时的县城——江苏的泰兴，不由感叹，中国 2 000 多个县，多保留一些古县城该多好！著名的城市规划专家阮仪山教授为平遥古城的保护所做的杰出贡献，让我颇为敬佩！

第一卷图 48-3 保存完好的平遥县署留影（2018 年 8 月）

第一卷图 48-4 盛夏参观平遥县署的人群（2018 年 8 月）

第一卷图 48-5　平遥县城隍庙留影和美食（中午时分品尝平遥特色面食——牛肉莜面栲栳栳。2018 年 8 月）

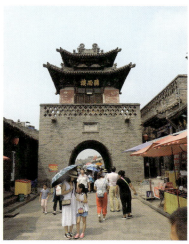

第一卷图 48-6　县城中心的古城楼和古城门（2018 年 8 月）

第一卷图 48-7　古城留影（2018 年 8 月）

第一卷图48-8 平遥县行政中心楼（2018年8月）

（3）五台山

考察的最后一站是世界闻名的五台山，那是一个自然、古朴、独特的文化景区。

五台山坐落在太行山西侧，规模宏大，总面积近600平方千米，最高峰北台顶（亦名叶斗峰）海拔3 000多米，因周边"五峰耸立，高出云表，山顶无林木，有如垒土之台，故曰五台。"这里风水好，寺院多，是中国唯一一座青庙、黄庙共处的佛教道场。从隋唐盛世以来香火延续很旺。五台山的古夷平面、化石遗迹，完整记录了地球太古代晚期元古代地质演化的历史，被誉为"中国地质博物馆"。独特的高山草甸景观，以及典型的第四纪冰川奇特的冰缘地貌，为五台山添色不少，是国家自然与文化双重遗产。盛夏，天气凉爽，又称清凉山，为避暑胜地，每到夏季，就有世界各地的信徒和香客来此上香、游览、避暑。

上午我们驱车抵达后，即乘坐缆车登山，到达海拔2 000米的台阶，我感觉心跳加快，待了十多分钟随即坐缆车下山。在缆车上饱览宏伟的寺庙全景，领略五台山优美的自然风光，落地后跟随香火人流，走显通寺、塔院寺、南山寺、广济寺、万佛阁等寺院，体验它的佛国仙境（第一卷图48-9至图48-16）。未能小住，多少有点遗憾。

第一卷图48-9 进入五台山寺庙区（2018年8月）

第一卷图 48-10　乘坐缆车登山（2018 年 8 月）

第一卷图 48-11　乘坐缆车的游客（2018 年 8 月）

第一卷图 48-12　缆车上拍摄的五台山地区景观（2018 年 8 月）

第一卷图 48-13　缆车上拍摄的五台山寺庙（2018 年 8 月）

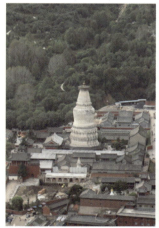

第一卷图 48-14　五台山主要寺庙——塔院寺（2018 年 8 月）

第二章　晋鲁 | 111

第一卷图 48-15　寺庙区藏经楼等（2018 年 8 月）

第一卷图 48-16　五台山随拍（2018 年 8 月）

49. 依山而建的城堡式建筑群：王家大院

　　王家大院是由位于山西省晋中市灵石县静升镇的王氏家族，历经明清两代 300 余年修建而成的家族性建筑群，距平遥古城只有 35 千米。我们离开平遥古城，遂前往王家大院。

　　大院坐落在一座比较平缓的山坡上，规模很大，含五巷六堡一条街。参观过程中我们不禁为如此豪华、精致的大宅院感到好奇和惊叹，堪比皇家大院，简直是一座建筑艺术博物馆！那要花多少银两，动用多少人工啊！王家大院 2004 年被评为国家 4A 级旅游景区，2006 年又被国务院列为"全国重点文物保护单位"，前往参观的人络绎不绝（第一卷图 49-1 至图 49-7）。

第一卷图 49-1　进王家大院前城门（2018 年 8 月）

第一卷图 49-2　体现中国传统道德文化的文人名匾（2018 年 8 月）

第二章　晋鲁 | 113

第一卷图 49-3　精致设计的建筑造型（2018 年 8 月）

第一卷图 49-4　城堡的中轴线（2018 年 8 月）

第一卷图 49-5　城堡集景（2018 年 8 月）

第一卷图 49-6　大院内外的窑洞（2018 年 8 月）

第一卷图 49-7　参观人流（2018 年 8 月）

50. 黄河之行（一）：壶口瀑布

我们在考察完山西平遥的王家大院之后，第二阶段的重点就是黄河。

长江、黄河是中国的母亲河，我在长江边长大，对于黄河则相对陌生，一直想找机会去看看黄河，与之亲密接触，目睹它的咆哮情景，深入黄河边的城镇、乡村，了解那里的人民（第一卷图 50-1 至图 50-6）。

我们先是去了壶口瀑布，接着去参观黄河博物馆，看黄河边一座古老渡口——碛口

第二章　晋鲁 | 115

名镇。

中午时分到达壶口,走近黄河,站在河中心的岩石上,听滔滔黄河水流撞击岩石的咆哮声,看黄河宏伟的景观,80多岁高龄的我终于实现了与黄河壶口瀑布亲密接触的梦想!

我小心登上经过长期的冲刷、露出水面的河床基石,边走边拍照,捕捉最好的镜头!崔庆仙时时关照我当心脚下,注意安全。我走到黄河中央一块较大稍高的基岩,停下脚步,环顾四周,观看黄河波澜壮阔的景观。西观,汹涌澎湃的黄河"墙"就在眼前;北望,"黄河魂"的镜头近在咫尺,此时,突然发现一位穿着白色衣服的年轻女子奔向雨雾腾腾的瀑布近处,仰面朝天,展开双臂,展现她那美丽的身姿,这一幕被我用手机拍下!

第一卷图 50-1　壶口瀑布
（2018 年 8 月）

第一卷图 50-2　汹涌澎湃的黄河壶口瀑布（2018 年 8 月）

第一卷图 50-3　黄河水咆哮的一刹那（2018 年 8 月）

第一卷图 50-4　黄河人（2018 年 8 月）

第一卷图 50-5　壶口留影（2018 年 8 月）

离开壶口，往回走，在黄河边，我突然发现一位坐在轮椅上的大娘，看样子是从城里来的一名知识分子，我问她：大娘来自哪里啊，多大年纪了？推轮椅的中年夫妇回答说：是我妈妈，今年 84 岁了，从南方的一座大城市来。她说，我妈妈一定要来看看黄河，我们带她来了，圆她的梦吧！大娘坐在轮椅上没有说话。我想，她一定是一位爱国者，她有好多话想对着黄河——中国之母亲河说啊！

一路上，我的心情难以平静，思绪万千，可能与那位老太太有同感吧！

第一卷图 50-6　永和县城政府办公楼（2018 年 8 月）

当天，我们赶往吕梁山区的贫困县——永和县城住宿，天黑了，下起了大雨，县城正在改造修路，车行困难，好不容易才找到一家小旅店，凑合着住了一宿。

51. 黄河之行（二）：黄河蛇曲国家地质公园

第二天一早，我们赶往位于陕西省延川县东南的黄河天下第一湾处的黄河蛇曲国家地质公园和黄河博物馆。由于昨夜下了一场中雨，黄土高原的县乡公路受到冲刷，路上不时遇见修路的工程队。特别是羊群挡道，不得不下车协助农民驱赶，有时候还得绕路走（第一卷图51-1至图51-3）。好不容易于中午时分到达黄河蛇曲国家地质公园及黄河博物馆。

下车后又被眼前的一幕所震撼！

第一卷图 51-1　黄土高原的县乡公路1（羊群挡道，停车驱赶。2018年8月）

第一卷图 51-2　黄土高原的县乡公路2（公路上羊群挡道，停车驱赶。2018年8月）

第一卷图 51-3　黄土高原的县乡公路3（加快脱贫攻坚步伐，修好通向农村的路。2018年8月）

黄河蛇曲国家地质公园属于黄土残塬梁峁丘陵沟壑及黄河沿岸蚀余黄土丘陵沟壑区，海拔近千米，面积为86平方千米。2005年国土资源部批准在此设立黄河蛇曲国家地质公园（第一卷图51-4）。博物馆集中展示了黄河河流地貌和黄土地貌景观及其形成过程。

走出博物馆，是一个较大的平台，平台边脚下，低达一两百米的垂直岩壁处就是天下第一弯曲的黄河蛇曲。黄河在这里被顽固的山体逼迫，乖乖地转了近360°大弯，居高临下，黄河大弯曲一览无遗！我拿起手机从多角度拍下了这一奇观（第一卷图51-5、图51-6）。

第一卷图51-4　黄河蛇曲国家地质公园（2018年8月）

第一卷图51-5　黄河蛇曲仙人湾（2018年8月）

第一卷图51-6　仙人湾留影（2018年8月）

52. 黄河之行（三）：古镇碛口

第三天，我们从吕梁市区驱车再次来到黄河边，本想去看看数十年前我从山西西渡黄河去陕西、经吴堡县去延安考察的一个渡口，因故改去了碛口镇。

碛口是吕梁市临县的下属镇，位于黄河右岸，有黄河支流湫水河在此注入。碛口历史源远流长，是黄河北干流上水运航道的中转站。早在2 000年前的战国时期就是赵国蔺邑重要的军事要冲，元明清时代，碛口仍为"州、县"共管的军事战略要地，清乾隆年间，得益于晋商的辉煌，大同碛险关，迅速成为"晋商西大门，黄河大码头"，一跃成为北方商贸重镇，有"九曲黄河第一镇"之美誉，直至民国时期。

当我们从临县出发的车砥达碛口，过黄河桥之后停下休息时，发现右侧一两百米处就是湫水河注入的河口，河畔有一块水位消退的滩地，便下车向河滩走去，戏水拍照（第一卷图52-1至图52-3）。崔庆仙的公子一本正经地给我拍了一张值得留念的照片。

我们发现一块面积不大的滩地上长势很好的玉米地，被洪水冲倒，那是昨天傍晚的大雨冲刷留下的痕迹（第一卷图52-4至图52-8）。随后，我们走向碛口镇，我有点累了，崔庆仙登上卧虎山，俯瞰黄河和支流湫水河口的战略位置，观看建于明代的黑龙庙，被这一标志性建筑深深震撼到了（第一卷图52-9至图52-12）——它见证了昔日碛口的重要和繁华。改革开放之后，碛口被国家批准为中国历史文化名镇，前来参观的人不少。

第一卷图52-1　碛口镇全景（2018年8月）

第一卷图52-2　湫水河在碛口从山西东流注入黄河（2018年8月）

第一卷图 52-3　水位消退的滩地河岸（2018 年 8 月）

第一卷图 52-4　暴雨后的黄河滩 1（壮阔的河面。2018 年 8 月）

第一卷图 52-5　暴雨后的黄河滩 2（快速拍下在河边寻找"猎物"的崔庆仙的公子。2018 年 8 月）

第一卷图 52-6　暴雨后的黄河滩 3（在现场，我有感而发。2018 年 8 月）

第一卷图 52-7　波涛过后平静的黄河在黄河大桥两侧堆积的泥沙（2018 年 8 月）

第一卷图 52-8　泥沙堆积的原始波痕（2018 年 8 月）

第一卷图 52-9　碛口镇主体外景（2018 年 8 月）

第一卷图 52-10　登高俯瞰碛口（2018 年 8 月）

第一卷图 52-11　碛口镇的古建筑和山路石阶（2018 年 8 月）

第一卷图 52-12　走进碛口古镇，发现被保留的部分原建筑及黄土高原的毛驴（2018 年 8 月）

53. 登雁门关

第四天，我们的目标是雁门关，从原平出发一路向北，一个半小时到达景区南大门。

雁门关位于忻州内，恒山山脉与吕梁山北缘交界处的雁门山中，海拔 1 800 米，为桑干河和滹沱河两个流域的分水岭，地势险要，是长城上最重要的关隘之一，被誉为"中华第一关"（第一卷图 53-1），是中国古代规模宏伟的军事防御工程，政治、军事地理战略意义十分重要。雁门关北通大同，远至蒙古高原，南达太原，秦汉以来一直处于民族大融合的前沿地带，为雁北少数民族入晋、中原直达游牧民族的咽喉，汉族与少数民族重要的分界线，中国重要的农牧区分界线。历史上，关内长期为汉族统治势力，关外则为北方诸民族所占据。

作为国家级景区，雁门关景区以关城、长城、隘城、兵堡、烽火台（第一卷图 53-2）等军事防御体系的历史遗存、遗址为主要资源，具有边塞文化、长城文化、关隘文化的显著特色。

景区的南大门是条原汁原味的登关路，坡陡石滑，路不平，行走困难，这对一位年过 80 的老人来说并非易事。我借助手杖缓慢前行，在一家饭馆简单用餐后乘坐登关的"专车"走 S 形上行。驾驶员一路上给我们介绍说，关内住的是汉人，30 多户，大多种田，现在全部转业为非农业，为雁门关游客服务，种树，保护林木生态；而在关外，都是蒙古族的后裔，也是 30 多户，亦已全部转业，不能再放羊了。关于雁门关的故事还有很多！

登上雁门关山顶颇费体力，虽然租借了一个手杖，能助一臂之力，但毕竟 80 有余，感体力不支，便坐在瓮城休息，崔庆仙等从烽火台下来，其公子送给我一束山上的野花，我很高兴（第一卷图 53-3）！在乘坐"专车"返回退还手杖时，雁门关景区售票处的工作人员，见我登高闯关成功，为我竖起了大拇指！

第一卷图 53-1　中华第一关——雁门关（2018 年 8 月）

第一卷图 53-2　雁门关烽火台（为古代重要的军事防御设施。2018 年 8 月）

第一卷图 53-3　在瓮城休息时，崔庆仙的公子送给我他在烽火台采摘的珍贵野花（2018 年 8 月）

54. 感悟太原老城·大同新城

太原是山西省的省会城市，位置居中，大同则是省域第二大城市，地处关外，二者都是国家历史文化名城。太原忙于修建恢复古城，而大同则集中建设新城。好奇的是，颇具争议的原大同市市长调任太原市市长。两个城市合并为一个篇目，并非为了比较，而是节省笔墨。

太原是一座"控带山河，踞天下之肩背""襟四塞之要冲，控五原之都邑"的历史古都，一度以世界晋商都会闻名天下。1949 年之后，为国家能源、重工业基地之一。我几次到访这座城市，感受到它在渐"变"，特别是 2018 年 8 月的到访。在"晋祠""原省政府对面的'抚绥全晋'老建筑"，以及正在复原中的太原县城等留下足迹，对这座城市的"古"与"新"有了一些认知（第一卷图 54-1 至图 54-6）。

太原的政区地理空间格局是我关注的重点之一。它三面环山，山西的母亲河汾河穿城而过，是太原城生成、发展壮大不可缺的天然元素。21 世纪前后，太原市对市域河段进行了大规模的综合整治与美化，形成带状的滨河胜景，空间有所扩展，经济渐渐增强，但依然较弱。

自 1947 年析出阳曲县城区，单独设置太原市作为省会以来，太原"市域"的空间范围是在唐宋元明清"太原府"基础上，经由新中国成立后专区之间的调整而形成；太原的"市辖区"则是隋唐以来"太原县"、北宋以来"太原城"与新中国成立后 30 年城西城北工业区、改革开放 30 年东南新城区共同叠合的产物❶。

第一卷图 54-1　太原老城（2018 年 8 月）

---

❶　参见寒鲲（历史专栏作者）的文章《地名太原在行政区划史上的流变》，2018-02-13。

第一卷图 54-2　山西省原省政府（2018 年 8 月）

第一卷图 54-3　晋祠一角——老泉、千年老树（2018 年 8 月）

第二章　晋鲁

第一卷图 54-4　复原中的太原县城（2018 年 8 月）

第一卷图 54-5　太原市新兴的长风商务区（2018 年 8 月）

第一卷图 54-6　晋源区区政府办公楼（2018 年 8 月）

太原市今下辖 6 个区、1 个市、3 个县和 1 个综合改革示范区，全市土地面积为 6 988 平方千米、人口 442.15 万人，GDP 总量 3 884.48 亿元人民币（2018 年），与相邻的河北、陕西、河南三省的省会相比，面积最小，人口最少，经济总量最低，在全国各省区之中处于中下游。

我以为，基于太原的盆地地形，作为地处省域几何中心的省会城市，政区空间相对狭小，经济集聚能力较弱，难以辐射和带动全省经济发展。调整行政区划，拓展战略空间，适度做大省会太原，谋划省域中心一体化发展，对于山西省的发展不失为明智之举。期望这座被煤炭工业包围的省会城市，在空间拓展和经济转型中有新的作为。

大同是山西省第二大城市，20 世纪六七十年代，我先后两次到访，对大同煤矿、大同市和云冈石窟印象深刻。如今，它是省内副中心城市。

大同位于省域北隅，在地理上属黄土高原东北边缘，大同盆地的中央，与冀蒙交界，位置险要，是历代兵家必争之地，为晋省之屏障、北方之门户；大同交通发达，是当代首都北京联系蒙、宁等边陲的陆上重要通道。这是给我留下的第一印象。

大同古称云中、平城，曾是北魏首都，辽、金陪都。境内古迹众多，著名的文物古迹包括云冈石窟、华严寺、善化寺、恒山悬空寺、九龙壁等。这些古迹我几乎都去过（第一卷图 54-7、图 54-8）。如今大同是中国首批 24 个国家历史文化名城之一、中国著名古都之一。古迹多而独特，特别是云冈石窟为世界瑰宝。这是给我留下的第二印象。

第三个印象是大同的"煤"。首次去大同，曾在晋华宫煤矿招待所住过几天，在妹夫陪同下下矿井参观过。与我到访过的淮南煤矿老矿相比，设备、开采条件好多了。晋华宫是个现代化大矿，可采煤层多，煤层厚，开采、出井便捷。论储量、产量和质量，大同市煤矿都远超淮南。资料显示，市域境内含煤面积达 632 平方千米，累计探明储量 376 亿吨。煤质较好的侏罗纪大同组含煤面积占全市 85% 以上，保有储量 58.7 亿吨，累计探明储量 65.5 亿吨。2005 年，同煤集团产销量就已经突破亿吨大关，达到 10 027 万吨，销售收入实现 236 亿元，名列全国第二（仅次于神木）。大同，不愧为新中国的"煤都"（第一卷图 54-9、图 54-10）。

第一卷图 54-7　跨越三个时代的大同城市建筑（2014 年 10 月）

第一卷图 54-8　大同市清远街牌楼（2014 年 10 月）

第一卷图 54-9　高原上的煤化工企业（2018 年 8 月）

第一卷图 54-10　柳林矿煤炭的开采与运输（2018 年 8 月）

时过数十年，大同巨变，从产业看，"一煤独大"的结构在悄然改变，转型发展在加速推进；从城市改造建设看，2008 年以来，大同市大规模进行了城市建设，弃老城、住新城，得到绝大多数市民的拥护，也带来巨大争议，首批历史文化名城的头衔受到质疑。其实，"仿古""造古"已经成为当今许多城市的一股潮流，但大同拆得太多、太快了！我有以下几个观点：

——城市的建设改造要坚持"以人为本"，充分考虑居民的意愿，切实改善百姓的居住生活环境，但要依法依规，保护好文物古迹，处理好改造与保护的关系，做好规划，尽可能在政府、专家、市民三方形成共识后推进实施。"大同新城"建设缺少了与上级主管部门及专家沟通这个环节。

——不能把板子都打在大同市政府身上。因为大同太破，遗留的问题太多了，百姓要求改善居住环境的愿望太强烈、太迫切了。如果上级主管部门先前能够深入了解大同，与大同市政府、市民共同谋划处理好城市建设改造与保护的关系，比事后的指责效果要好。

——这场争论没有赢家，也没有输家。人们从大同新城"事件"中得到什么启示？当今中国大大小小的上千座城市，一度都在搞大拆大建，贪大求洋、追求豪华气派，不顾代价消耗财力，浪费土地资源的风气盛行！这要比就地改造的"大同新城"更可怕，后果更严重！

人们期待新组建的自然资源—规划部门能够出新招，整顿城市规划建设的乱象，努力建设一批适合中国国情、市情，具有地方特色，适宜居住、环境优美的城市。

55. 贫困山区吕梁的考察

吕梁山区是全国贫困县集中区域之一，是我此次山西之行关注的重点之一。在从壶口瀑布去永和县的路上，我们的车停在路边休息，偶然看到隐藏在灌木丛中的一个窑洞村子，便爬坡走了上去，发现了许多窑洞。崔庆仙去村庄查看、访谈，获得许多信息；进村坡度有点陡，我下坡在路边观察（第一卷图 55-1），一辆辆装运原煤的重型卡车不时地从身边呼啸而过。此时，正巧遇到一位看似从县城或镇上回村的大爷，便与他攀谈起来。从中了解不少关于贫困村的信息。

我问他的年龄,他说70多岁,我说,我比他大10岁。我们便打开了话匣子,聊得很投机:

——他们这个村属于大宁县昕水镇,叫吉亭村,离镇不远,祖祖辈辈住窑洞生活,是个贫困村。

——村里的年轻人都走了,干活的多是老人。他有三个孩子,都在城里,一个儿子在太原。他说他在城里生活不习惯,还曾出过车祸,现在宁愿待在村里。

第一卷图55-1　吕梁山下窑洞前留影(2018年8月)

——他们村子的地很少,人均不足2亩,村子里许多年轻人都外出打工,在家里的人有点副业(此时崔庆仙正在一户养蜂的人家访问)。

——谈起扶贫,他更是滔滔不绝,说道:国家花了许多钱扶贫,帮助解决村里的吃水和燃料问题,也拨了许多补助款,但"低保"款被村支书给了亲戚!明显看出,老人对贫困县的基层腐败问题颇有微词!我心想,这恐怕是个特例吧!

两个老人对话的场景,被崔庆仙的手机拍下(第一卷图55-2)!

我在思考:吉亭村是个位于贫困县城镇近郊、交通方便、经济环境较好的村,在吕梁山区算不上很贫困;窑洞依然是黄土山坡乡村百姓主要的居住形态,似乎改变不大,但基本生活已有保障,扶贫已见效果;建设一个群众拥护、强有力的基层政权,杜绝腐败,应该是贫困村百姓最为关注、急迫需要解决的问题。

第一卷图55-2　吕梁山区考察途中与村民访谈(2018年8月)

56. 大寨的记忆

1963年，毛泽东发出了"工业学大庆""农业学大寨"的号召，全国开展了一场运动。"文革"后期，中宣部和国家出版局为配合知青下乡，组织编写科普读物和青年自学丛书，华东师范大学地理系接受了上海人民出版社编写出版《简明中国地理》的任务，我和同事陈永文教授担当了此任。在那个时代，"工业学大庆""农业学大寨"自然成为这部知青读物的指导思想和重要内容。1974年，图书出版之后，很快被日本的龙溪书店翻译出版，书名冠以《中国的自然与产业》；1975年，国家外文出版发行事业局找上门来，希望在《简明中国地理》的基础上充实内容，由外文出版社负责翻译向国外发行。

为了把本书写好，需要收集最新资料，也需要实践来体验国情。是年11月，我和陈永文带上数十封学校介绍信，从北京出发，开始了连续长达两个半月的长途考察。先后走访河北、山西、陕西、四川、湖北、湖南等省的城市、乡村及政府和科研院校。完成任务回校后，加班加点，于1976年上半年完成《简明中国地理》（外文版修改稿）提交给国家外文出版局。尽管由于"文革"的原因，本书未能出版，但此次漫长的地理考察让我们受益匪浅，特别是游大寨、西渡黄河，去延安及都江堰、长江三峡、韶山等，留下的印象颇为深刻。

记得1975年11月上旬，我们从石家庄出发，乘坐长途汽车越太行，经昔阳，抵大寨。在统一安排下，参观了大寨新村，爬上虎头山瞭望。大寨人在陈永贵、郭凤莲等带领下，以"愚公移山"的精神，用最简单的工具把一座黄土荒山削平，改造成梯田，甩掉了贫穷落后的帽子。所有去大寨参观的人都会被大寨人的这种精神所折服！为此毛泽东发出了"农业学大寨"的号召。

在那个时代，毛主席发出的"工业学大庆""农业学大寨"号召，一时间受"左"倾错误思想影响，对工农业生产产生了一些消极作用。但我认为，大庆精神和大寨精神不能忘！在我的阁楼书房里仍保留着当年在大寨购买、商务印书馆出版的《昔阳地理》；在我当年的日记本上，大寨的红色印章依然闪烁着光芒。

近50年后的2015年，今日之大寨已经是一个现代化的新农村（第一卷图56-0）。大寨人过上了幸福的生活！

第一卷图 56-0　今日大寨（2015 年 7 月）

57. 山西省地理问题与战略思考

2018 年 8 月上旬整整 8 天，我在山西度过了一个紧张而内容丰富的考察时光。此次考察遵循了区域研究的"问题导向"原则和"点""线""面"的研究方法和研究思路。这是传统地理学，特别是区域地理研究的思维，我以为，这个原则与方法相当管用，没有过时。

第一，"点"。我们考察了省会城市太原，地级市临汾、吕梁和永和贫困县县城，以及碛口镇。对不同等级、规模的城市和镇，特别是专业性文化旅游城镇——平遥县城留下深刻印象。总体来看，与沿海省区相比，甚至与西北地区的某些城市相比，山西的城市建设显得有点落伍，省会太原缺少现代感。但作为国家级贫困县连片分布的吕梁山山区的"府治"吕梁市却给我留下较好印象。无论是城市管理、城市布局形态都比较有序，也充满活力。

应当指出的是有些城市，如临汾市，"大广场""大马路"的贪大求洋、城市建设用地严重浪费的现象十分严重，而贫困县永和的县城，规模不大，马路也显得拥挤，没有豪华的高楼大厦，连县府都显得相当"老旧"。我觉得这样的县城"朴实""亲民"。当然要改造建设，提升管理水平，但希望多保留一些原汁原味的县城风貌。

第二,"线"。它指交通线路、网络,是区域人流、物流、信息流的物质基础。此次省域的考察,我们走高速、经省道,也走了一些县乡道路,感受到山西交通环境、网络系统的巨大改善,包括成片的贫困区——吕梁山区。这为山西的发展提供了较好的基础条件,但路上走的大多是运煤的大卡车(第一卷图57-0),从一个侧面反映省域经济结构的问题,需要完善的是高原沟壑地区的县乡公路。

第一卷图57-0　行驶在公路上一辆辆运煤的大卡车(2018年8月)

山西的交通建设眼光应该向外,目前山西的对外交通运载、吞吐能力不强,制约了省际流通、交流。要大力提升对外运输能力,提升服务水平。

第三,"面"。谈到山西的"面",让我想起刚大学毕业,讲授山西地理时有两个产业必需讲授,那就是"一黑"(煤炭)"一白"(棉花)。我以为这是山西的两大特色和优势产业,一黑一白,一重一轻,是改革开放前山西经济地理的基本结构。改革开放后,"一黑"(煤炭),成千上万的煤老板,确实让山西疯狂了一时,可是它却几乎毁了山西!要记住这段区域经济—政治史的教训!

关于农业,我想说的是,黄土高原水土流失对农业的严重影响。我们沿途考察,时不时下车观察玉米的长势,总体看不错。但深感"水"仍然是山西农业发展的主要地理制约因素。由于降水时空分布不均,被冲刷的黄土高原使高原台地被流水冲刷、切割形成的沟壑地貌,为基本农田建设增加了难度,影响了农业的现代化、规模化生产,甚至严重威胁、吞噬沟壑边缘的村庄!特别是大量采煤区塌陷引起的事故公开报道的实例不少。由此,"面"上的重点应是继续根治黄土高原水土流失,改善生态环境。这是关系山西农业、农村、农民发展的大事,必需持之以恒地抓好,煤矿塌陷区是治理的重中之重。

水系和流域系统也是一个面,就河流而言,大多已经失去航运作用,水生态系统治理和改善的任务仍相当繁重。比如我们参观考察的汾河及其源头的汾河水库,作为省会城市的唯一供水水源,需要特别加以保护。

山西是一个具有独特个性的省份。辛亥革命后,阎锡山在太原建立晋系军阀,经营山西长达38年,韬光养晦,保境安民,山西成为全国富裕省份之一。新中国成立初期,山西是中国的重要工业基地之一。如今,山西已经建成以能源、冶金、机械、化工为支柱,纺织、轻工、医药、电子、食品、建材和精密仪器等门类较齐全的工业体系。但总体看,山西经济渐渐落伍,产业结构单一,还有不少刚脱贫的县,发展的任务十分繁重。

进入后煤炭时代,山西如何发展?考察之后,我有以下四点思考:

(1)山西要重新认识黄土地,在黄土地上写好两篇文章。第一,要挖掘埋藏于黄土地下更多的"古山西"之宝，像平遥一样开发山西本土文化和旅游资源，结合自然风光（比如峡谷、河湖、草原、森林、山体等）大力发展旅游经济，重点开发"黄河"文化旅游。第二，要运用科技手段大力改造黄土地，特别是沟壑集中地区和煤矿塌陷区。以小流域为单元，大面积进行土地平整（工程措施），同时大力植树造林，整治山河，根除沟壑和煤矿坍陷隐患，变沟壑为沃野，规划建设新农村，振兴乡村经济。可以在贫困县乡、老矿区进行试点。

（2）山西要跳出传统资源型经济的旧思维，走出"煤老大"的传统老路。第一，要调整产业结构，向多元化、特色化、高端化方向发展，增强市场竞争力。第二，要充分发挥煤炭优势资源，向深加工、高附加值——煤炭精细化工及制成品方向发展，在发展中注意保护环境。第三，农业要向节水型、优品质、无公害、特色化、深加工方向发展。打开国内外市场销路。依据国家功能区域规划，集群化、规模化、集中与分散相结合，科学布局。

（3）山西要做大做强以太原为核心的大都市圈，增强省内外的辐射力。太原地处省域几何中心，经济实力严重不足，需要逐步扩大，集聚实力，提升影响力、辐射力。要抓住国家批准的"太原市建设国家可持续发展议程创新示范区"机遇，做好省域规划，以路网为骨架，形成东西南北四个方向的城市—经济发展轴，重点向东。在强化省会城市实力的基础上，有序建设省内副中心，特别是大同市，逐步形成完整的城镇体系，带动省域经济发展。

（4）山西要努力解决发展中的四大障碍。一是封闭保守观念。大力推进改革，弘扬"大寨精神"，进一步扩大开放，建设内陆开放新高地。二是体制机制障碍。要制定激励政策，调动蕴藏在群众中的积极性。三是人才政策。引进与培养、培训相结合，充分发挥各类人才的积极性、创造性，引领、推进产业创新和发展。四是资金障碍。充分运用中央的各种政策，特别是产业转型发展政策、"一带一路"倡议、扶贫政策等，多种渠道吸纳资金，特别是民间的资本，要用好有限的资金，提高资金的投入产出率。

我们有理由相信，经过20年甚至30年的努力，山西重振昔日雄风不是梦！

（五）山东省

58. 齐鲁大地，经济大省

山东省因位于太行山之东得名，省境在春秋时为齐、鲁两国地，简称鲁（第一卷图58-1），省会城市是济南。山东省属华北平原、黄河下游地区，东邻黄、渤海，北、西、南分别与河北、河南、安徽、江苏接壤。全省下辖16个地级市、27个县级市、54个县，其面积约为16万平方千米、总人口10 200万（2020年）。

第一卷图58-1　春秋时期的鲁国都城曲阜留影（2001年7月）

山东是中国东部沿海半岛型大省，自然地理结构整体上呈中部山地突起，西南、西北低洼平坦，东部缓丘起伏的格局，地形类型多样，属于暖温带季风气候，东西差异较大。境内有淮河、黄河、海河、小清河和胶东五大水系，大运河纵穿南北，自资源禀赋得天独厚。山东的海岸线长达3 290千米，2/3以上为基岩质港湾式海岸，是中国长江口以北具有深水大港预选港址最多的岸段，海上航运、贸易、海洋捕捞、养殖等是山东的优势和特色，滩涂、海岸资源十分丰富。

山东历史悠久，齐鲁文化对中华文化的形成和发展有深远影响。山东半岛和辽东半岛遥相呼应，与京津冀共同组成环渤海经济圈。山东经济发展稳定，结构多元，2018年经济总量达7.647万亿元，在广东、江苏之后，排名第3位，为中国经济大省、强省，未来中国最有发展前景的省份之一。

省域16个地级市经济发展比较均衡，半岛地区发展条件优越，青岛、烟台、威海及黄河三角洲的东营市经济水平明显高于其他地区，东中西呈现经济梯度分布特点。西部黄河两侧平原的菏泽、聊城、德州和中部沂蒙山区的临沂的经济水平明显较低，按人口平均，不足半岛地区的一半。全省20个贫困县市区有19个分布在这些地区，均与黄河相关联。山东的自然地理和资源环境非常适宜于建立比较完整、独立的省域经济体系。农业规模大、水平高，耕垦率和农业增加值长期居全国各省首位。山东的工业相当发达，重工业和轻工业门类齐全，现代服务业发展较快。

早期，我毕业留校后，被安排参与山东省成人教育，承担培训中学地理教师的函授工作，面授和辅导"经济地理学"课程。中期的1988年，中国行政区划研究中心成立前夕，受邀参加民政部在山东省烟台地区蓬莱县召开的中国行政区划工作会议，学习中国（省区）设市预测与规划的工作经验。后期的2009年，接受山东省原苍山县领导的邀请，开展"苍山"更名为"兰陵"的课题研究（第一卷图58-2）。

第一卷图58-2　课题研究期间与课题组成员华林甫教授一起考察临沂故城银雀山汉代墓群（2009年7月）

2015年夏，我们一家去济南及周边旅游；2019年7月，我独自一人专程对济南及周边进行了较深入的考察，是年10月，赴烟台、威海两座地级市进行较深入的观察体验；2020年、2021年又请其他人提供了图片。因此，我对美好山东的印象十分深刻（第一卷图58-3至图58-10）！

第一卷图58-3　济南附近的泰安留影（2015年8月）

第一卷图58-4　从天津去山东半岛的烟台、威海，途经鲁中的山地和丘陵（2019年10月）

第一卷图 58-5　济南市东南方向日照市境的中国北方第一竹（2019 年 7 月）

第一卷图 58-6　济南市西南方向苍山县夏季的农业（2019 年 7 月）

第一卷图 58-7　齐国故城临淄、周村旱码头古商城（2021 年 10 月）

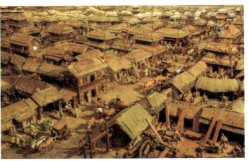

第一卷图 58-8　齐文化博物馆、齐国都城临淄再造图（2021 年 10 月）

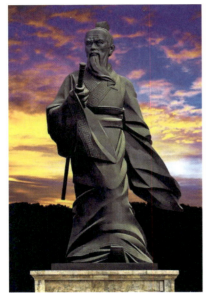

第一卷图 58-9　齐太公吕尚雕塑、圣球广场（2021 年 10 月）

第一卷图 58-10　齐鲁等国图示、春秋时齐与鲁的分界处（分界线在济南附近，跨过此石门就"侵犯"齐国的领土了。2020 年）

59."分水岭"黄河

我无数次穿越济南黄河大桥，每次都会看看窗外的黄河水，列车从大桥上呼啸而过，只有几十秒钟，连拿起手机拍一张大桥的照片都来不及啊！2015 年 7 月上旬，我们和美国二儿子的一家赴山东旅游，其中一个周末，在省规划设计院工作的弟子带我们去"母亲河公园"，才真正有了与山东段黄河接触的机会（第一卷图59-1至图59-3）。左侧不远处就是我经过无数次的黄河大桥，右侧望着远去的黄河水，一切平安无事。历史上凶猛的黄河水，如今变得那么温顺、平静！我站在黄河边，望对岸的乡村，看岸边大堤足足有两个人的高度，似"坚不可摧"！

细细观察，眼前的黄河水位似乎低于地面高度，但沿着大堤上行或下行，很快发现黄河在这里是地上河，它在山东境内长达600多千米！几乎没有一条支流流入！黄河因此成为淮河、海河及大大小小水系的"分水岭"。由于五岳之首的泰山山高流长，只能由黄河接纳发源于此的大汶河和玉符河。玉符河为黄河最末的一条支流，是济南市辖区内流域面积最大、最为重要的一条河道，趵突泉的水源主要靠它。

千百年来，在山东，地上河黄河为黄河三角洲创造了数万平方千米的土地资源，这是黄河对山东的极大贡献！同时，它也成为鲁西北与鲁东南经济、社会、文化生活联系交流的极大障碍，是鲁西北经济不发达、长期处于发展滞缓状态的主要地理因素。

如今，在菏泽、济宁、聊城、滨州和东营境内已经先后建有多座不同类型的公路、铁路、高速、高铁黄河大桥。济南市域建设（或正在建设）的黄河大桥多达13座。未来，分水岭黄河将不再是山东发展的障碍，山东（特别是省会济南）向北拓展成为必然。

第一卷图59-1　黄河岸畔的济南母亲河公园1：水景观（2015年7月）

第一卷图 59-2　黄河岸畔的济南母亲河公园 2：雕塑和建筑景观（2015 年 7 月）

第一卷图 59-3　在济南黄河畔与弟子夫妇及美国二儿子一家的合影（2015 年 7 月）

60. 济南：强省会战略？

济南为山东省的省会，因境内泉水众多，别称"泉城"（第一卷图 60-1）。济南是史前龙山文化的发祥地之一，国家历史文化名城，全国十五个副省级城市之一，环渤海地区和黄河中下游的中心城市之一。2019 年 1 月，国务院批复同意调整济南市行政区划，撤销莱芜市，将其所辖区域划归济南市管辖；2020 年，济南市域面积增至 10 244 平方千米、总人口 920 万。

2019 年 5 月我进行专程考察，对济南这座城市有了较多的感性认知（第一卷图 60-2 至图 60-10）。济南市是中国少有的国家级铁路枢纽城市，城市因铁路而建，因铁路而兴，铁路带来了济南的兴旺繁荣。

长期以来，济南在山东省内并非首位经济中心城市，2018 年之前基本处于老三的地位，与青岛的差距较大。济南合并莱芜，地盘扩大，人口增加，提高了经济总量，其省域排名升为老二。但作为省会城市，济南面临着经济发展的巨大压力。

我以为，济南在发展中，有两个问题需要注意：

第一,要因省制宜。有学者用首位度的高低来说明强省会的必要性,这欠科学。沿海几个省会城市首位度的分析表明,与内陆单中心城市相比较,首位度都很低。杭州、广州最高,也分别只有1.25和1.034,沈阳、福州、石家庄、南京都在1.0以下,济南更低。其实,此类省份之所以省会城市的首位度较低,是因为这些省会城市都属于人口和经济双中心省份。这种双中心的结构特点受制于省域的自然地理环境和历史人文经济基础。不顾省情追求省会独大,不符合这些省份城市空间结构演进的客观规律。

第二,要着眼于功能。我以为,主要应该着眼于省会城市的功能和经济质量能级(高端经济)的经济辐射力和联系程度。简单地通过合并方式扩大版图,盲目追求省会独大实不可取!

从山东省的实际情况来看,青岛作为省内沿海港口经济大市,其经济规模处于老大的位置,符合青岛的地理区位优势特点,理所当然,没有必要盲目追赶。济南是综合性省会城市。国务院批示济南总体规划的定位是"山东省省会,国家历史文化名城,环渤海地区南翼的中心城市",我认为是恰当的。从全省来看,主要是发挥其行政、文化、科技、交通方面的功能,同时带动鲁西北地区的经济增长,而不是一厢情愿、人为撼动青岛的经济中心地位。

第一卷图60-1 趵突泉和大明湖景区及留影(2015年7月)

第一卷图 60-2　黄河北岸济南市郊待收割的庄稼（2019 年 5 月）

第一卷图 60-3　济南段黄河大堤与黄河铁路桥（2019 年 5 月）

第一卷图 60-4　济南站、济南广场汽车站交通枢纽（2019 年 5 月）

第一卷图 60-5　济南的华夏书信文化博物馆、铁路文化宫（2019 年 5 月）

第一卷图 60-6　济南铁路枢纽新站全景（2019 年 5 月）

第一卷图 60-7　济南铁路枢纽（2019 年 5 月）

第一卷图 60-8　济南新站的旅游集散中心（2019 年 5 月）

第一卷图 60-9　济南西站（2019 年 5 月）

第一卷图 60-10　济南的新兴商业、商务中心（2019 年 5 月）

61. 青岛：蓝色战略

"城因港生，港因城兴"。与其他所有海滨城市一样，青岛是个依托优良港口发展起来的大城市。众多码头、港口、海岸、海湾，乃至蓝色的大海，是这座城市发展的地理动力和源泉。我们每次去青岛或者是路过，都会去码头、港湾看看，岸边走走，感受、欣赏其特殊美丽的海滨风光（第一卷图 61-1 至图 61-6），这是青岛的无穷魅力！

第一卷图 61-1　青岛中心城区新姿（2009 年 7 月）

第一卷图 61-2　青岛的港口和优良港湾（2009 年 7 月）

第一卷图 61-3　青岛市中心滨海旅游步行道指示墙与标志性建筑（2009 年 7 月）

第一卷图 61-4　海滨景观留影（2009 年 7 月）

第一卷图 61-5　海湾高级住宅区（2009 年 7 月）

第一卷图 61-6　崂山观海留影（2009 年 7 月）

论城市建设和经济规模，青岛在山东首屈一指。改革开放 40 年来，青岛港的货物吞吐量从 1978 年不足 2 000 万吨到跨越 5 亿吨，同期，集装箱的吞吐量从 1 000 多个标箱跃升到 1 800 万标箱。昔日的北方支线小港，一跃成为吞吐量稳居世界前七位的超级大港；青岛的经济规模也由 37.99 亿元提高到 12 001.52 亿元，增长 315.9 倍！省域其他城市，包括省会济南，难以撼动其在省内首位的经济地位。

青岛的城市空间形态自 1910 年起就已经基本奠定，顺应港口发展的需要，沿胶州湾东海岸由南向北带状发展，直至 1989 年，近 80 年未变。1995 年起，确定了"两点一环"的总体格局，即以胶州湾东岸为主城，西岸为辅城，环胶州湾沿线，形成"相对集中与适度分散"相结合的城市空间结构。21 世纪初，又提出了以青岛、黄岛、红岛三点为重点、"三岛一湾"的"品"字形框架，突出强调了以胶州湾生态保护为核心，提升中心城区辐射带动能力，"全域统筹、三城联动"的大空间战略思路。

青岛靠海，城市发展中的"海洋意识""海洋经济""海洋生态""海洋文化"的特色显著。作为半岛蓝色经济区的核心——青岛，自然应将海洋经济摆在突出地位。

2011 年 1 月，国务院批复《山东半岛蓝色经济区发展规划》，标志着山东半岛蓝色经济区建设上升为国家战略，确立了山东在黄河流域的龙头地位，青岛也就成为山东省和黄河流域经济社会发展中的经济"龙头"城市。特别要提出的是，青岛拥有中国海洋大学、中国科学院海洋研究所、国家海洋局第一海洋研究所等全国一流海洋科研院校，是全国海洋科技力量的"富集区"。一流的海洋研究机构，突出的海洋科技优势，青岛将在山东的发展空间中维护国家战略安全，加速形成新的经济增长极，完善我国沿海整体经济布局中发挥特殊的作用。

需要指出的是，青岛要与沿海各市县联手，重视半岛特色海洋文化的开发与保护。2015年夏我在青岛旅游，深感在海洋文化资源的开发方面还需要深入挖掘，海港旅游业的环境还需要大大改善，城市旅游业的软实力和管理服务水平还需要极大地提升。

62. 烟台·威海：半岛北翼双中心城市

烟台和威海共处黄、渤海之滨，距离邻近，是胶东半岛地理区位、地理环境与地域文化等相似性很高的两个地级市，联系紧密，滨海风光美丽，都具有旅游城市功能，都是中国首批14个沿海开放城市之一、环渤海经济圈内重要的节点城市、山东半岛蓝色经济区的骨干城市，但也存在差异，主要表现为烟台是山东经济贸易大港，威海更具有军事港口的性质。两个城市的历史演进、规模、产业经济结构与空间布局等均有较大差异。烟台城市发展早，设4个区，规模大，人口多，经济强，产业特色显著（如葡萄酒为核心的产业体系）；威海地级市设置晚（1987年），辖2个区，城市空间、人口与经济总量规模较小，制造业薄弱。

20世纪60年代初，山东省教育厅的函授点设在烟台，为辅导、面授"经济地理学导论"课程，我利用假期赴烟台讲课。烟台留给我的印象有三个：一是烟台老街，二是芝罘岛及港口码头，三是张裕酿酒公司。当时的烟台不大，是一个军港。

"所城里"是烟台城市的"根"和"魂"，前身为"奇山千户所"，为军事城堡，后被清康熙皇帝废除，"所城"变成一个居民生活区。偎依烟台山的西式两层楼房的洋房老街，一度商业繁华。

芝罘岛位于烟台市区之北，为典型的陆连基岩岛，是烟台的天然港口，受北黄海急流险浪的冲击，峭壁悬崖，身临其境，气势磅礴，风景极佳。

今日烟台港之核心港区——芝罘湾港区始建于1861年，由于芝罘岛与市区相连，形成天然港湾屏障；加之其扼守渤海湾口，和辽东半岛隔海相望，与日本、韩国一衣带水，是中国沿海南北大通道（同江至三亚）的重要枢纽和贯通日韩至欧洲新欧亚大陆桥的重要节点。芝罘湾港区码头岸线长8 300米，是一个以集装箱、客货混装运输和矿石、煤炭、粮食、化肥、钢材等散杂货作业为主的综合性港口。

张裕酿酒公司1892年由旅居南洋的华侨张弼士在烟台创办，1915年张裕葡萄酒荣获巴拿马万国博览会金质奖，是中国，也是亚洲第一个工业化生产葡萄酒的厂家，其最大的葡萄酒地下酒窖一直使用至今。

我有幸参观过这个老厂，对其地下酒窖印象深刻。

2019年10月下旬，我从北京乘坐高铁直达烟台，花费三四天时间重访了烟台、威海这两个城市（第一卷图62-1至图62-19）。烟台在变，变美了，烟台山老城依旧，港口扩大了，张裕酿酒公司的原址已经成为张裕博物馆，我认真参观了博物馆，重温了它的辉煌历史。

烟台变化最大的是烟台至蓬莱之间郊域大面积成带状分布的葡萄种植庄园，既为酒厂提供了原料，又美化了环境！在返回途中，我驻足参观了开发区的制药、生物等高新企业。

此次重游印象最深、感觉最好、最具有人情味的是新兴地级市威海和由其代管的荣成县级市。它们实在太美、太干净了！无论在酒店、饭店、马路、海滨，还是大小商店、公交汽车，基本找不到一个香烟头，看不到有人乱扔垃圾，花一元钱可以乘坐一个小时的公交欣赏滨海城市的风光，心情特别舒畅。在这个城市让我真正感受到老人的尊严，不由自主地感叹，威海、荣成这样的城市才算是真正的文明城市啊！

烟台、威海本为一家，分久必合、合久必分，一体化发展似乎是一种规律。两个城市各有特色，烟台侧重于建设环渤海地区重要港口城市、国家历史文化名城；威海则侧重于发展为重要海洋产业基地和滨海旅游城市。两个城市有历史渊源和很强的相似性，但简单合并不可取，现实、有效的途径是构建烟—威大都市区，合作分工，竞争发展，合作中竞争，这是半岛城市群北翼高层次发展的可行之道；同时，未来以青岛为核心的半岛城市群仍将是山东的经济重心，人口、产业将加速集聚，这是山东人文—经济地理规律演进的大趋势。

第一卷图 62-1　烟台晚霞（2019 年 10 月）

第一卷图 62-2　二访蓬莱（2019 年 10 月）

第一卷图 62-3　蓬莱阁景区滨海外景（2019 年 10 月）

第一卷图 62-4　蓬莱海上游船码头（2019 年 10 月）

第一卷图 62-5　蓬莱阁景区（2019 年 10 月）

第一卷图 62-6　蓬莱阁外景留影（2019 年 10 月）

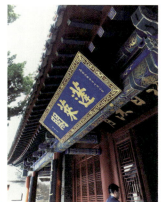
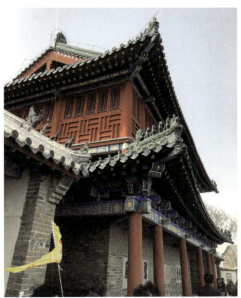

第一卷图 62-7　蓬莱阁主景区（2019 年 10 月）

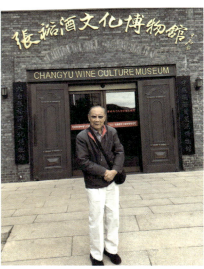

第一卷图 62-8　张裕酒文化博物馆（2019 年 10 月）

第一卷图 62-9　烟台湾观钓鱼（2019 年 10 月）

第一卷图 62-10　烟台湾渔港（2019 年 10 月）

第一卷图 62-11　"奇山千户所"的"源"和"根"——烟台山老城（2019 年 10 月）

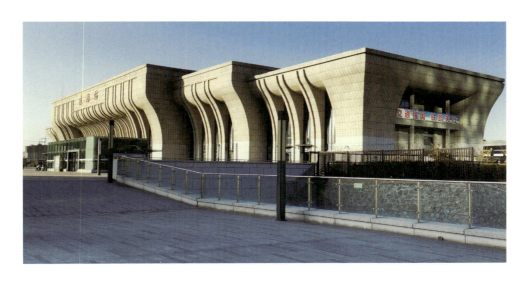

第一卷图 62-12　威海高铁站和城市标志性建筑（2019 年 10 月）

第一卷图 62-13　威海市所属荣成市的海滨景观、礁石、沙滩留影（2019 年 10 月）

第一卷图 62-14 未被破坏的波状沙滩（2019 年 10 月）

第一卷图 62-15 沙滩及天然饮用水留影（2019 年 10 月）

第一卷图 62-16　海滨度假的商品房（2019 年 10 月）

第一卷图 62-17　荣成市的晚霞（2019 年 10 月）

第一卷图 62-18　荣成市穿过东天门进入成山头景区（2019 年 10 月）

第一卷图 62-19　荣成市的成山头景区（首批国家级海洋公园和风景名胜区。2017年）

63. 济宁·曲阜·泰安：省域南翼中心城市

济宁（第一卷图 63-1 至图 63-3）、曲阜（第一卷图 63-4、图 63-5）、泰安（第一卷图 63-6 至图 63-8）是省会济南（第一卷图 63-9、图 63-10）以南、沂蒙山区以西的三个城市，济宁和泰安为地级市，曲阜为济宁代管的县级市。我曾访问过这三个城市，各有自己的特色。

济宁位于京杭大运河畔，号称运河之都；曲阜古为鲁国国都，是孔子的故乡，被誉为"东方圣城"，国内外著名；泰安位于泰山脚下，因泰山得名，寓国泰民安。城市依山而建，山城一体，是国家重要旅游城市。

元、明、清时期，大运河带来了济宁商品经济的发展和城市的繁荣。在济宁市域的地下，储存着 260 亿吨煤，几乎占山东省的 50%！为全国八大煤炭基地之一，谓之山东"煤城"。记得 2001 年夏，我在参加济宁市城市规划评审会时，一位当地官员曾经说过，济宁地区的地下，除了城区之外，都挖空了！

第一卷图 63-1　济宁市容比较（2001年、2021年）

第一卷图 63-2　济宁市的新市容（2019 年）

第一卷图 63-3　济宁市的美术馆、群艺馆、图书馆（2019 年）

第一卷图 63-4　曲阜市容市貌、城市交通工具（2001 年 7 月）

第一卷图 63-5　曲阜市的孔庙留影（2001 年 7 月）

第一卷图 63-6　日落时分的泰山云海（泰山位于泰安境内。2014 年 11 月）

第一卷图 63-7　雪后泰山景色 1（2019 年冬）

第一卷图 63-8　雪后泰山景色 2（2019 年冬）

第一卷图 63-9　济南市的灵岩寺（2015 年 7 月）

第一卷图 63-10　在济南市灵岩寺与弟子史卫东等合影（2015 年 7 月）

京台高速、济徐高速和 220、104、105 国道，将这三个城市紧密联系在一起，形成鲁西南地区的南北向城市经济带。随着省会济南经济实力的增强，它们将融入济南都市圈。重要的是要加强三市之间分工合作。旅游业是个很好的抓手和突破口。适度做大做强处于济南—徐州—菏泽—临沂北南西东四个方向几何中心的济宁，使之成为鲁南的核心城市，进而跨省与徐州合作，是鲁南城市—区域空间格局演进的重要思路。首要扫除障碍，激活被称为"山东莱茵河"的京杭运河山东段，使之成为连接苏浙沪的重要内河通道。

多年来，鲁苏两省对这条通道的修建存在分歧。为此，2007 年 12 月鲁苏两省政府签订了《江苏省与山东省经济社会发展合作框架协议》，共同认为"京杭运河是我国南北水上运输大动脉，是贯通江苏、山东两省的内河骨干航道"，两省"将积极配合国家做好京杭运河航运综合治理发展建设规划，共同推进湖西航道项目前期工作，早日开工建设。"可喜的是，这项工程已经于 2013 年底顺利完成。大动脉的"卡脖子"航段问题有望彻底解决。未来，京杭大运河将成为一条安全、畅通、绿色、环保的中国东部南北向的水运—经济—生态大通道。

64. 苍山县更名为兰陵县的论证

2009 年的 6 月，一位在北京工作的校友陪同下，山东省沂蒙山区老区苍山县副县长来到我当时居住的静安区达安城小区的家，恳切希望中国行政区划研究中心对"苍山县更名为兰陵县"进行研究论证，并带来了一堆苍山县的历史资料。我接受了这个请求，随即联系中国人民大学清史研究所华林甫教授和上海财经大学马祖琦副教授组成课题组，于 7 月 11 日前往苍山县调研考察（第一卷图 64-1 至图 64-11）。2010 年 1 月提交了《关于山东省苍山县拟更名为兰陵县的论证报告》和相关附图。2014 年 1 月 8 日，民政部批复苍山县复名为兰陵县。我们的论证起到了关键作用。

这项课题使我有机会对山东省的一个县进行深入调查和考察。我们在苍山县召开座谈会，收集资料，参观县域的文化古迹、大型企业，走访城镇、乡村，在路边与农民、村干部现场交谈，听取各种意见。不仅感受到苍山县上上下下干部民众对县名更名的广泛关注和迫切要求，而且对山东的省情、县情有了较多了解。感受到山东老区（沂蒙山区）经济的快速发展，特别是山东农业较高的专业化和商品化程度；目睹一辆辆装满农民辛勤劳动成果——大蒜的货车在收购站整装待发。我们对齐鲁人的那种豪爽、好客、耿直的个性印象非常深刻。

第一卷图 64-1　苍山县行政大楼（2009 年 7 月）

第一卷图 64-2　苍山县更名研究调查会（2009 年 7 月）

第一卷图 64-3　苍山（1933 年 7 月，中共临郯县委发动了反抗国民党反动统治的苍山暴动。2009 年 7 月）

第一卷图 64-4　课题组参观灵峰寺（2009 年 7 月）

第一卷图 64-5　参观县域历史古迹（2009 年 7 月）

第一卷图 64-6　现场交换意见（2009 年 7 月）

第一卷图 64-7　与村干部畅谈农业丰收的喜悦（2009 年 7 月）

第一卷图 64-8　夏季苍山县的农业景观（2009 年 7 月）

第一卷图 64-9　县农业现代化示范园（2009 年 7 月）

第一卷图 64-10　丰收的大蒜装车待运（2009 年 7 月）

第一卷图64-11　课题组成员与地方专家等人员的合影（2009年7月）

65. 双中心大省的空间战略思考

我以为，山东省的发展要处理好两个大空间的关系：

（1）省域空间的关系，最重要的是济南与青岛的关系。

一段时期内山东城市群的问题引起网民热议。有这样的观点：在国家重点发展"北上广"（北京、上海、广州）三大城市群的战略背景下，山东省现在能做的就是找准自己在区域内的合理定位；山东的地理位置，地理环境空间格局，缺少大流域和盆地，"中间高、四周低"的三维地形特点，使青岛和济南都难以形成国家中心城市。上述观点需要继续观察。

山东是个位于沿海的经济大省，自然地理和历史演进规律的双重因素形成济南—青岛双中心格局，类似的还有浙江、福建等省。一个是行政中心，一个是经济中心，顺应自然—经济规律，省域两大都市区合作分工，有序竞争，利益共享，可以实现双赢，形成以济南、青岛为双核心的省域城镇体系，推进全省经济均衡发展。在"一个四周低中间高的三棱锥上，位于高点附近的济南，集聚效应很难以这个点为中心；位于海岸低点的青岛偏离几何中心，因为山脉阻隔，也无法完全辐射整个区域。这样的省份适合'多点开花'"[1]。这正是山东省域发展的空间特点，也应该是山东省的一种优势。一味追求省城老大，不惜代价争当国家中心城市和创建国家级城市群。我以为这不符合山东省省情，这也是行政区经济运行下负面效应的一种误导，更不应该相互攀比，把行政区划当作简单的政策工具，采取兼并或合并周围县市的方式，盲目扩大中心城市的版图，人为建成超大都市、超大省会，增强所谓的"竞争力"，这样的低水平行政性的"大城市""特大城市化"不可取！

从黄河流域来看，济南与郑州、西安同为黄河流域的中心城市，青岛虽不在黄河，但滨海的位置，广阔的腹地，自然担当起黄河流域经济出海口的重任！

---

[1] 参见知乎专栏中的大地理馆文章《谁，边缘化了山东城市群》，2017年7月15日。

（2）外部空间的关系，主要是南北关系。

首先，北部要以济南为中心，加强与京津冀核心区的联系与对接，接受来自北部的强辐射，共建环渤海经济区。其重点是强化与省域黄河北侧黄河三角洲的联系与辐射，包括冀南的沧州等地区。其次，南部要关注与苏皖豫的关系，重中之重是大运河、高铁（第一卷图65-0）、高速的两侧生态，以及城乡规划管理的协调与统筹。加强鲁苏皖豫的省际合作，积极推进淮海经济区（徐州都市圈）规划的落实，支持"一带一路"大空间战略的实施。

第一卷图65-0　高铁威海站（2019年10月）

第三章 辽吉黑

"辽吉黑"是辽宁、吉林、黑龙江三省的简称,位于我国东北,与俄罗斯、朝鲜接壤,是一个高度同质化的地理区域,在中国地理分区的多种版本中,均被划分为同一个地理单元。地形上,北部和东西两侧山脉怀抱,境内主要为黑龙江支流松花江及辽河水系,同属我国最大的平原——东北平原。气候上,属温带湿润、半湿润的季风气候区。

东北的自然资源丰富,是我国开发较早、工业基础较好、交通发达、城市化水平较高的地区。新中国成立之后,基于当时良好的政治地理环境、资源禀赋和工业基础,它是新中国重点建设的国家能源、重化工基地,经济发展和城市化推进迅速,形成沈(阳)大(连)、长(春)吉(林)、哈(尔滨)大(庆)齐(齐哈尔)三个工业走廊和一个相对独立、完整的东北自然—经济—行政大区。

21世纪前后,东北经济开始走下坡路。2017年,中国省区经济增速排名中,辽宁、吉林和黑龙江分别为倒数的第4名、第5名、第6名,引发国人关注。

是什么原因导致东北经济的下滑?众说纷纭。我以为:一是体制性矛盾。计划经济开始得最早,走得太远,而市场经济转轨的成本较高,民营经济不发达。与此同时,数十年沉淀下来的"企业办社会"负担,东北地区的负担最为沉重。二是结构性矛盾。煤都、钢城、油城、林都等资源型产业,以及重化工等这些东北的工业强项产能过剩凸显,转型缓慢,并失去先机。三是南方经济发展很快的巨大诱惑力导致的人才、劳动力的大量流失。如黑龙江省,前30年净迁入人口达700余万,后30年开始净迁出,至2020年,东北的人口流失达1 100万[1]!

2014年,国务院开出《关于近期支持东北振兴若干重大政策举措意见》的35条药方,重新为东北发展注入新动力。有专家建议,中央与地方关系中的财税改革是一个关键性政策举措。上收社保、教育等事权,下放财权,提高资源税等地方税种的比重。我认同这一观点。

我踏上东北的土地是改革开放初期,担任华东师范大学地理系主任期间走访了东北师范大学、辽宁师范学院和哈尔滨师范学院三校地理系;不久,又专程前往黑龙江大兴安岭地区学习中国科学院开展荒地考察的野外工作经验;退休之前,跟随华东师范大学工会组织的部分教授赴俄罗斯远东边疆州首府、海港城市海参崴(符拉迪沃斯托克),暑期休假,顺道经过吉林延边朝鲜族自治州,游览了长白山自然风景区,参观了长春市博物馆及市容;退休之后,2008年,独自前往哈尔滨进行"城市考察";2018年的夏季,又重返加格达奇和大庆,感受到东北地区的巨变。2020年国庆,再去沈阳、长春、吉林等地观光,补拍了部分照片。

---

[1] 据第七次人口普查,过去十年,辽宁、吉林、黑龙江三省减少的人口超过1 100万。其中辽宁人口减少115.5万,吉林减少338.9万,黑龙江减少高达646.2万。

（六）辽宁省

66. 城市化省·经济强省

城市化与经济发展相伴而生，城市化率能够测度一个城市—区域经济社会发展的水平。2017年，辽宁省的城市化率达到67.49%，高于全国平均水平58.2%的近10个百分点。虽然被广东、江苏、浙江超越，但数据相近，共处高水平方阵；在东北三省之中继续领先于黑龙江和吉林。

从行政区划视角看，2017年辽宁省除沈阳、大连两个副省级市之外，有地级市14个、县级政区100个，其中县级市16个、县17个、自治县8个，市辖区多达59个。市辖区占县级政区的比重高达59%，连同县级市，比重高达75%，仅稍次于江苏和广东两省。辽宁和广东、江苏等省同属于"城市化省"。尽管这个指标与世界发达国家相比还有一些差距（一般发达国家的城市化率为80%左右，日本的城市化率在91%以上）。

从经济实力来看，辽宁省在东北一直处于首位。2018年，GDP总量为25 315.4亿元，分别是黑龙江和吉林省的1.55倍和1.68倍！从人均水平来看，辽宁、黑龙江、吉林三省分别为58 008元、43 274元和55 611元，辽宁亦居首位。

辽宁的城市化率和经济水平何以高于黑、吉两省？

从我的认知和几次对东北考察的感受来看，主要有两点：

第一，地理区位和历史因素。辽宁在东北三省中具有明显的优越地理区位和经济发展环境优势。古代的辽宁就在一些重要的战略地点，自然、交通条件优越的地区建立了城镇，明清时期形成城市的雏形。但工业和城镇的发展主要在1931年"九一八"事变、沦为日本帝国主义的殖民地之后，日本为长期霸占和掠夺资源的需要，建成大批工业、交通、港口城镇，在矿产资源丰富地带建设了一批城市。新中国成立初期，辽宁的城市化水平就高出全国7.5个百分点，为18.1%，当时全国平均为10.6%。需要指出的是，此时辽宁的城市具有强烈的殖民地城市特征。

第二，新中国成立之后的空间战略和政策因素。新中国成立之后，东北与苏联相邻，成为祖国的大后方，国家在"一五""二五"期间，辽宁和整个大东北地区都是国家工业布局的战略重点区域，投入巨资新建和改建了一批与国防工业相关的重工业。辽宁成为全国工业基地重点建设省份之一，特别是钢铁、煤炭、重型机械制造等部门。全省工业化、城市化的进程大大加快。2000年的城市化率达到54.24%，平均每年增加2.2个百分点。基本形成以沈阳和大连为中心的辽中南城市群。

然而，21世纪以来，辽宁的工业、城市化和整个经济发展速度以及在全国的地位下滑，如何重振辽宁经济，留住人才？不仅是辽宁人、东北人，也是国内许多有识之士议论的话题！这其中有国内国际大背景的因素，有体制机制因素，也有客观原因。但我认为，寻找自身的优势，激发内生的发展原动力——人的能力、潜能，更多地学习深圳人，放权于企业，还权于民，可能是辽宁（也应该是东北）发展的关键！

1997年10月，我随民政部赴瓦房店市葫芦岛镇调研村级行政区划，考察了沈阳、鞍山等地；2019年10月至12月，随同中国行政区划研究中心同人多次前往大连调研，对大连城市的发展与空间布局，及其未来形成较多新的认识（第一卷图66-1至图66-3）。

第一卷图66-1　走过、路过山海关（2019年10月）

第一卷图66-2　河北与辽宁两省的省界——山海关内外（2019年10月）

第一卷图66-3　路过绥化县东戴河镇（2019年10月）

67. 东北地区唯一拥有海洋·海岸·海岛优势的省份

辽宁是中国沿海省区之一，在辽东半岛的东西两侧分别为黄海和渤海，大陆海岸线东起鸭绿江口，西至绥中县老龙头，全长2 292.4千米，约占中国海岸线长的12%，居中国第5位。海域（大陆架）面积为15万平方千米，其中近海水域面积6.4万平方千米、沿海滩涂面积2 070平方千米，还拥有海洋岛屿266个，其面积191.5平方千米、海岛岸线全长627.6千米。海域空间资源、海港资源、海洋生物、海洋旅游、海洋矿产、海洋能源、海洋水资源等十分丰富，海洋经济发展条件十分优越。

2015年，辽宁的海洋经济占全省生产总值的比重已经由"十五"末期的8.7%提高到12.1%，形成海洋渔业、海洋交通运输业、滨海旅游业、船舶修造业、海洋化工业和海洋油气业计六大部门，海洋生物制药、海水综合利用等新兴产业是其亮点。

就目前的海洋产业发展规模和水平来看，与中国南方的广东、福建、浙江等省相比还有较大差距，与邻近的韩国、日本相比较差距更大。这意味着发展的潜力还较大。

作为东北地区唯一出海口的辽宁沿海地带，在东北振兴战略格局中具有重要的区位优势和独特的发展空间。我以为：第一，辽宁省要充分认识发展本省海洋产业在大区域中的重大战略意义，特别是提升港口资源的大区域共享、辐射和服务意识，乃至实行东北三省共建港口及以港口为核心的交通运输系统；第二，要借鉴国内外海洋经济发展的经验，以科技引领和创新，重视解决海洋产业发展中的技术装备、人才、管理体制、运行机制、鼓励政策等方方面面的问题；第三，要调整优化海洋产业结构，注意保护海洋环境，实现海洋资源的永续利用。

漫长的辽东湾海岸线是辽宁省得天独厚的优势资源。我虽然没有机会专门沿海岸线走一圈观光考察，进行整体性思考，但1997年10月去瓦房店长兴岛、2019年冬季参与大连行政区划规划研究，对大连的海岸线有过详细考察，2020年国庆前后从山海关老龙头出关，沿海滨的京沈高速奔赴沈阳，这三段经历让我比较全面地认知了辽东湾这条黄金海岸线（第一卷图67-1至图67-4）。我以为，海岸线资源的过度开发、重复建设、生态恶化等，是辽宁省迫切需要解决的大问题。

第一卷图67-1　葫芦岛市绥中县的东戴河镇海岸（2020年9月）

第一卷图 67-2　沿海大通道严重的堵车（2020 年 9 月）

第一卷图 67-3　葫芦岛市绥中服务区（2020 年 9 月）

第一卷图 67-4　晚上 8 点半抵达沈阳（2020 年 9 月）

68. "共和国装备库"的雄风

计划经济时期，辽宁省是中国重型装备制造业高度集聚的省份，曾有"共和国装备库"的称号。

辽宁的工业历史悠久，得益于其辽东半岛优越的地理条件和丰富的矿产等自然资源，特别是居全国首位的铁矿埋藏量，优质的煤炭及其他高品位的稀有矿藏等资源禀赋。清乾隆初期，本溪就是奉天的主要煤炭产地；近代以来，辽宁成为西方列强武力争夺资源的重地。日俄战争前，沙皇俄国在中国取得修路、采矿等特权后，在大连等地开设工厂。20世纪20年代，军事、民用工业有一定发展；"九一八"事变后，日本帝国主义在沈阳、大连、抚顺、鞍山等地掠夺式建立了钢铁、有色金属、化工、矿山开采、建筑材料等工业。日本垄断资本的大规模投入，客观上形成近现代机器工业的基础。沈阳成为东北地区的工业中心城市。

抗战之后，辽宁的工业遭到日军和苏军的严重破坏。矿山被炸，工厂瘫痪。国民党政府也因内战而无心恢复生产。据1949年的统计，辽宁全省工业设备生产总能力只有日伪时期的20%，工人失业率达90%。

1949年以后，辽宁的工业发展步入黄金时代。凭借其雄厚的工业基础和优越条件，成为新中国推行工业化，优先发展重工业战略的重点省区。"一五"期间，在由苏联援建中国的156个重点项目中，有57个安排在东北，辽宁就占了24项，包括鞍钢、本钢、抚顺铝厂、杨家杖子钼矿、阜新电厂、大连电厂、抚顺石油二厂、沈阳第一机床厂、大连造船厂等。还在沈阳、大连、抚顺、本溪等地安排了625个与之相配套的项目。辽宁很快成为中国工业强省。重工业产值占全国重工业总产值的22.7%，居首位。国家急需的钢、生铁、钢材、纯碱、烧碱、变压器的产量几乎占全国一半以上，原油、发电量、水泥、平板玻璃、合成氨、金属切削机床产量占全国1/3左右。辽宁成为我国最重要的重化工业和军事工业基地，为国家独立的工业体系的构建奠定了初步基础（第一卷图68-1至图68-3）。

从1958年到1978年，辽宁工业虽然经历了一段曲折发展的历程，但总体上保持了发展态势。沈阳市建成了以机电为主、门类比较齐全的综合性工业基地。辽宁的工业化、城镇化水平、财政收入等都名列全国前茅，当之无愧地被称为中国经济强省。

第一卷图 68-1　中国工业博物馆留影（2020 年 9 月）

第一卷图 68-2　沈阳北方重工（2020 年 9 月）

第一卷图 68-3　沈阳热电厂与重工北街一角（2020 年 9 月）

1978年至今,时过40余年,回头看辽宁的工业发展历程,在取得巨大成功的同时,也存在明显的缺陷和问题。这就是:畸形的工业部门结构和所有制结构。轻重工业比例失调,国有企业单打独斗,国家和地方政府的过度干预,企业缺乏活力等,这些问题在改革开放之后越来越成为辽宁经济发展的主要制约因素。辽宁想重振"共和国装备库"的雄风需做到:要从体制、机制上开刀,激发内生原动力;要营造更好的发展环境,充分利用制造业的人才优势,在"科技创新"上下功夫。任重道远,期待辽宁的新时代早日到来!

69."东北第一强"省会城市:沈阳

我多次去过沈阳,留给我的印象是,这座省会城市的规模很大,桂冠很多,名胜古迹很多,近代史上留下许多遗址、痕迹,是国家重要的历史文化名城,很有看头(第一卷图69-1至图69-7)。印象最深的首推沈阳故宫、昭陵等。

清天命十年(1625年),后金太祖努尔哈赤将都城从辽阳迁至沈阳,在沈阳修建皇宫(今沈阳故宫),沈阳成为清朝的发祥地。清顺治元年(1644年),清世祖迁都北京后,沈阳成为陪都。清顺治十四年(1657年),在沈阳设奉天府,沈阳又名"奉天"。辛亥革命后,沈阳成为奉系军阀统治的首府。民国十二年(1923年),设立奉天市政公所,沈阳首次出现市的建制。

1928年底,张学良宣布东北易帜,服从于南京国民政府,并改奉天省为辽宁省;1929年,奉天重新改称沈阳。1931年"九一八"事变爆发。1932年3月,在日本的扶植下伪满洲国成立,沈阳再次更名为奉天,直至1945年抗战胜利,重新使用沈阳作为市名,沿用至今。

沈阳"九一八"历史博物馆馆内收藏的"九一八"事变爆发前后近1 000幅珍贵历史照片、文献资料及700余件历史文物,展示了东北人民从沦为亡国奴走向抗战胜利的历史。

1949—1953年,沈阳一度为中央直辖市,1954年改省辖,1994年确定为副省级城市。沈阳具有优越的地理位置、自然环境和经济基础,其人口、经济不断集聚,规模逐渐扩大,如今是东北第一大城市,下辖10个市辖区,市辖区人口680万(2015年)。根据国务院批准的沈阳市城市总体规划,沈阳市为东北地区唯一特大型城市。未来,沈阳要对产业结构进行大幅度调整,推进技术创新,形成区域产业链条,通过市场自然地发挥辐射和带动东北的作用。

第一卷图69-1 赴沈阳途中及入住酒店(2020年9月)

第一卷图 69-2　考察的第一站：盛京皇城·沈阳故宫（2020 年 9 月）

第一卷图 69-3　第二站：沈阳故宫博物馆和张学良旧居（2020 年 9 月）

第一卷图 69-4　第三站：皇城里文化产业园、文化旅游区及市容（2020 年 9 月）

第一卷图 69-5　沈阳新市容（2020 年 9 月）

第一卷图 69-6　沈阳一天高强度考察全靠这位不知姓名的女司机（2020 年 9 月）

第一卷图 69-7　参加沈阳建筑大学的科技部"中国小城镇发展战略研究"项目会议

（2005 年 5 月）

沈阳是一座重工业城市，老城区铁西区是沈阳重工业的发祥地。1939 年始建的沈阳铸造厂是沈阳重工业的开山鼻祖之一，2007 年 4 月 17 日，沈阳铸造厂浇注完最后一炉铁水，完成了它的历史使命。该厂一车间被保留下来改建成一座集中展现东北老工业区工业文脉的铸造博物馆。我以为，了解中国的装备制造业发展史应该从沈阳开始，沈阳应该从铁西区开始，铁西区应该从铸造厂开始。2020 年国庆节，我再次去沈阳，在铸造厂原址前留影。

70. "东北门户"区域城市：大连

大连是人们向往的一个美丽的海滨城市。20 世纪 80 年代，我第一次走进大连，领略了这座城市美丽的风光，它的滨海城市形态风格、历史文脉、个性等，让我流连忘返。

第三章　辽吉黑 | 183

2019年11—12月，我有幸参加了大连的一个研究论证项目，比较全面地认知和深入了解了大连的过去、现在和未来，我更加关注大连的区域功能定位和规划、建设、发展中的行政区划体制及地理问题（第一卷图70-1至图70-11）。

大连是辽宁省另一个副省级市，位于辽东半岛的南端，隔渤海与山东半岛相望，属暖温带半湿润大陆性季风气候，是东北地区气候环境最宜人的城市。2019年，大连市辖7个区，市辖区人口300万，与省会沈阳相比，少200多万人。

受东北地区历史政治、经济环境和政区制度的影响，大连这座城市的历史文脉和城市体制具有一定的特殊性。其发展大致分为三段时期：一是清及清之前，大连地区先后历经了汉族、鲜卑族、契丹族、高句丽、满族、蒙古族等各民族政权的统治时期；二是近代达里尼（Dalniy）时期，被俄国占领时期；三是被日本占领时期。

1897年，沙俄设计师带着法国巴黎的城建图纸来到大连，建立起以广场为主的城市，起名"达里尼"，意为"遥远的城市"。1905年，日本占领"达里尼"，改名为"大连"❶。1945年，抗战胜利，根据《雅尔塔条约》，大连由苏军进驻。1955年苏军将旅大（大连与旅顺的合称）交还给中华人民共和国管理至今。

大连的这段特殊历史在老城区留下许多痕迹，深深影响着大连城区的城市形态和风格，特别是晚清时期的历史老建筑，至今仍有25处国家级文物保护单位，如大连市役所、满铁大连埠头局、俄清学校、大连中央邮电局、南满洲铁道株式会社等。这也许就是这座城市的重要个性吧，它是大连城市发展的文脉。

大连作为辽宁省的大城市、副省级市，具有在大空间尺度的功能和影响力。国家批复大连市城市规划的定位是——"我国北方沿海重要的旅游城市""我国北方沿海重要的中心城市""我国北方沿海重要的港口"。

在上述三个定位之中，旅游功能当仁不让，大连具有得天独厚的自然和人文景观及良好的发展基础，旅游业长期兴旺（第一卷图70-12）。但我以为，对大连来说，北方重要港口和重要中心城市的定位更具有东北大区域的意义，更能体现大连城市空间战略的重要性；该定位不仅有利于大连的发展，更有利于整个东北地区的发展。

大连港港阔水深，冬季不冻，万吨货轮畅通无阻；大连港是哈大线的终点，与东北三省紧密相连，经济腹地广阔；大连港位居西北太平洋的中枢，是正在兴起的东北亚经济圈的中心，是该区域进入太平洋，面向世界的海上门户；大连港始建于1899年，距今已有百余年的历史，有雄厚的港口吸纳实力和丰富的运营经验。新时代，大连担负着东北亚重要国际航运中心、实施东北地区老工业基地振兴战略的重任。

除港口功能之外，其他海洋产业也是大连的巨大优势。

大连是"我国北方沿海重要的港口"这一地位决定了大连的"我国北方沿海重要的中心城市"的定位！在内外部环境成熟时，建设北方深圳，建立直辖市也不是不可以考虑。

---

❶ 大连地名是"达里尼"的音转。"达里尼"系俄语，是"远处"之意。"达里尼"的由来是在大连沦为俄国租借地以后，根据沙皇尼古拉之令将此地命名为达里尼，同时作为自由贸易港开放。后音转为大连。一说，大连名称，源于大连湾，始于近代。清光绪六年（1880年）北洋大臣李鸿章在关于大连湾军港建设方案的奏折中，就提到"大连湾"。日本帝国主义侵占期间，于清光绪三十一年（1905年）2月始称大连。新中国成立后，1949年4月1日，大连与旅顺合称为旅大市。1981年2月，经国务院批准改称大连市。

第一卷图 70-1　抵达大连及在老城的山坡上北望大连市容市貌（2019 年 12 月）

第一卷图 70-2　海滨广场上繁忙的大连港（2019 年 12 月）

第一卷图 70-3　海滨广场上与新建的建筑群合影（2019 年 12 月）

第一卷图 70-4　留存的日式风貌区——大连事役所（现为中国工商银行大连分行。2019 年 11 月）

第一卷图 70-5　散落着枯叶的秋冬清晨马路（2019 年 11 月）

第一卷图 70-6　大连市中心城区的街市楼宇和广场（2019 年 11 月）

第一卷图70-7　大连雪景（大连雪景很美，但影响了城市交通，工人们在忙碌扫雪中。2019年12月）

第一卷图70-8　前往大连西海岸考察途中偶见著名的大连海事大学（2019年12月）

第一卷图 70-9　普兰店区滨海港口（从这里去往海岛县——长海。2019 年 11 月）

第一卷图 70-10　大连空港枢纽（2019 年 11 月）

第一卷图 70-11　大连汉墓博物馆（2019 年 11 月）

第一卷图 70-12　大连旅游的夏季黄金季节（2006 年 7 月）

71. 难忘旅顺口

1980年代初，我出访东北的第一个目的地，就是位于大连的辽宁师范学院（下简称辽师）地理系。这是一所新中国诞生后国家首批建设的高等师范院校之一，坐落在沙河口区。在访问之余有机会对大连市容市貌及旅顺口进行了考察。大连是一个美丽的海滨城市，而旅顺口是一个有着特殊历史意义的军港。记得，那时候从辽师出发，沿着海边，花岗岩山体风化的圆形山体一个接着一个，乘坐公共交通行驶了好长一段时间才到旅顺口的"老虎滩"。

旅顺是一座历史悠久、文化独特的海港城市。它坐落在辽东半岛最南端，东临黄海，西濒渤海，南与山东半岛隔海相望，北与东北腹地相连，经济、军事、陆地，特别是海洋地理位置极为重要，为京津的海上门户，东北的天然屏障。它也是举世闻名的天然不冻港，是沟通辽东半岛和山东半岛的黄金水道。

早在1945年11月就设立了旅顺市政府，1950年与大连市政府合并，改设旅大市，今为大连市市辖区（旅顺口区），面积为509.5平方千米、人口20.7万（2018年）。旅顺有国家级风景名胜、自然保护区和森林公园，蛇岛、老铁山、旅顺军港、旅顺博物馆等地值得一游。

2019年12月，中国行政区划研究中心承担大连市的重要项目，有机会再次访问了这个极具历史文化和经济、军事战略地位十分重要的港口城区，特地参观了旅顺博物馆，重上老铁山领略自然风光，我对旅顺港口的险要位置和富有特色的城区风貌有了更深的认知（第一卷图71-1至图71-5）。

第一卷图71-1　海滨复杂的地形地貌——经过褶皱、风化的水平状古老变质岩系（2019年12月）

第一卷图71-2　旅顺口区行政机关大楼（2019年12月）

第一卷图71-3　旅顺博物馆及留影（2019年12月）

第一卷图71-4　旅顺口白玉山景区（2019年12月）

第一卷图 71-5　登白玉山观旅顺口昔日军港（2019 年 12 月）

72. 本溪·鞍山·抚顺：曾经的辉煌与出路

鞍山、本溪、抚顺是辽宁省中部省会沈阳周边三个重要的重工业城市，曾经被称为中国的"钢都""煤都"和原材料工业中心城市，是早期大学地理系讲授中国经济地理和中学地理教材之中不可缺少的重要内容（第一卷图 72-1 至图 72-4）。

第一卷图 72-1　夏季的鞍山（1997 年 8 月）

第一卷图 72-2　前往千山风景区途中（1997 年 8 月）

第三章　辽吉黑 | 191

第一卷图 72-3　千山风景区留影 1（1997 年 8 月）

第一卷图 72-4　千山风景区留影 2（1997 年 8 月）

  1949 年，我国共设有 12 个直辖市，分别是北京、天津、上海、沈阳、抚顺、鞍山、本溪、西安、南京、武汉、广州、重庆，其中辽宁占了 4 个，1951 年又增加旅大市，占了 5 个，后又增加哈尔滨和长春两个市。直到 1953 年、1954 年大部分被取消，只保留北京、天津、上海三个直辖市。足见鞍山、抚顺和本溪三个城市在新中国成立初期的辉煌和对国家的特殊贡献。

  改革开放以来，在东北老工业基地原材料工业经济普遍出现下滑的背景下，鞍山、抚顺、本溪三个地级市受到较大冲击，经济地位下降，在辽宁省 14 个地级市中排名第 3 名、第 7 名和第 10 位，除鞍山之外，抚顺、本溪均被营口、盘锦、锦州等城市超越，在全国也处于中下游。

  资源型城市经济下滑是转型发展中较普遍存在的现象，鞍山、抚顺和本溪也不例外。今后的出路何在？我以为，除了从内生的发展机制和外部环境两个方面采取措施之外，还需要：第一，进一步认识和挖掘三个城市的自身优势，如鞍山的钢铁优势、本溪的综合工业优势、抚顺的工业基础和潜力。第二，鞍山、抚顺和本溪是与沈阳关联度最大的城市，依据规划，都已经定位为沈阳的副中心城市，与省会城市捆绑在一起共同谋划空间的分工定位、建设布局和发展以形成沈阳都市圈。转型发展、特色发展，依托沈阳大都会同城化发展将是鞍山、抚顺、本溪三个老工业城市的发展之道。

73. 离开沈阳，路经开原服务区

2020年国庆节在重访沈阳之后，立即北上去吉林省，我们在开原服务区歇脚吃中饭时，发现这个服务区有点特别——干净整洁，服务周全，管理上档次，有一个较大的超市。很多车友都在这里停留用餐。我们在用餐之余，发现墙上张贴着服务区的介绍。原来，2018年9月28日人民日报客户端报道了总书记在此歇脚的新闻："结束在辽宁抚顺的考察活动后，28日中午，习近平总书记乘车返回沈阳。中途在服务区短暂休息时，习近平特意走进旁边超市，仔细察看、询问商品价格和品质，还掏钱买了一条江米条、一罐酱香什锦菜、两盒沟帮子熏鸡，一共花了131元。"从此，这个服务区出名了！我们在开原服务区拍摄了照片（第一卷图73-1、图73-2）。

第一卷图 73-1　开原服务区全景和海报（习近平总书记曾经在此歇脚。2020年10月）

第一卷图 73-2　高速公路两侧的麦田（2020年10月）

74. 瓦房店市的村级区划调整调查

瓦房店是1985年撤销复县而建的县级市，由大连市代管。1997年10月，我和博士后武伟、民政部区划地名司的几位同志，在辽宁省民政厅区划处同志的陪同下，赴瓦房店市长兴岛镇考察，重点研究村级区划问题（第一卷图74-1至图74-5）。不久，向民政部区划司、辽宁省民政厅提交了研究论证报告，得到采纳并实施。报告的全文刊载于民政部《民政政策理论研究》（1998年第1期）和《中国方域：行政区划与地名》（1998年第2期）。这是我首次深入到东北的一个乡村，对村级经济和村级区划体制进行深入调查、系统研究的成果，也是民政部门与专家结合、最早开展村级行政区划问题的论证与研究成果，对于推进全国村级行政区划调整与体制改革起到了积极作用。

如今是2017年，已时过20余年，回忆起当时调查的情景，历历在目。作为长江口以北第一大岛——长兴岛，中国第五大岛，被国家批准为全国小城镇综合改革试点镇，如今已经改制为长兴岛街道，设有大连长兴岛经济技术开发区，海洋经济取得长足发展。

第一卷图74-1　20世纪末的瓦房店市人民政府（1997年10月）

第一卷图 74-2　瓦房店市街景及组织的文化活动（1997 年 10 月）

第一卷图 74-3　考察村级区划（1997 年 10 月）

第一卷图 74-4　20 世纪末长兴岛镇的农村（1997 年 10 月）

第一卷图 74-5　瓦房店市长兴岛镇村企业（1997 年 10 月）

75. 沈阳·大连：谁是东北老大？

打开中国地图，在沿海的福建省、浙江省、山东省、河北省和辽宁省等，其省域经济中心城市并非只有省会城市一家。随着经济的快速发展，这些省的省会都在争省内的"龙头老大"，辽宁省的沈阳与大连谁是"老大"？我对这个问题有所思考。

（1）"一省双核"或一省双中心，甚至多中心，是这些岩岸型海岸的沿海省份在历史演进中城市兴起、发展出现的必然现象。省会都是历代封建王朝省域的行政中心，自然也发展成为经济中心城市。而省域内另一座海滨城市则凭借其海边优良港口，近代被外国资本打开中国大门，发展工商业，逐步形成大城市，如厦门、宁波、青岛、大连，这些城市都是经济中心城市，而非省域行政中心。经过上百年，尤其是新中国成立、改革开放之后的快速发展，这些滨海城市和省域的行政中心城市规模相当，在中国特色"行政区经济"运行机制下，形成"双雄竞争"态势，出现了"争老大"的割据局面，这是中国省域经济在转型期运行规律的必然。"双核"的"适度竞争"态势有利于省域经济的发展，而违背经济规律，盲目追求"省会独大"并不可取。

（2）就辽宁省来看，沈阳与大连都是副省级市。从人口规模来看，沈阳明显多于大连；从经济规模看，大连明显高于沈阳。其实这种格局很正常，沈阳作为行政中心（也是相对的省域几何中心）担负着省域行政管理、经济—社会—文化发展、生态建设与保护建设的重任，是一个省域的综合性中心城市，在推进省内经济社会公平、均衡的发展中起着政府推动、空间导向、政策落实的重要作用，自然比大连要集聚更多的人口。而大连，是东北地区区域性港口城市，有发达的综合交通运输网络，腹地广阔，是东北联系国内外的最重要的海港门户城市，经济的集聚能力很强，自然会发展成为省内，乃至于东北地区第一经济强市。国务院已经明确定位：沈阳为东北地区重要的中心城市、先进装备制造业基地、国家历史文化名城；大连是国家计划单列市、中国优秀旅游城市、东北亚国际航运中心、国际物流中心，我国北方地区重要的港口城市，还是世界经济论坛的常驻举办城市。我以为，作为"行政中心"的沈阳和"经济龙头"的大连两个城市的互补性很强，应充分发挥各自不同区域功能的作用，实现分工合作，特色发展，可相得益彰；反之，搞版图扩充，规模竞赛，盲目争雄，必两败俱伤！如果国家在东北增设直辖市，我以为大连更加合适。

辽宁省内沈阳和大连（第一卷图75-1、图75-2）两座城市合作互动的战略模式，同样适用于沿海省份的山东、浙江、福建，特别是山东省的济南和青岛！

第一卷图75-1　在大连海滨留影（2020年1月）

第一卷图75-2　参观大连的关向应纪念馆留影（2020年1月）

（七）吉林省

76. 大空间认识吉林

吉林省，简称"吉"，源于满语"吉林乌拉"，意为"沿江的城市"，东北地区中部的省份，省会城市是长春。吉林省南接辽宁省，北依黑龙江省，西与内蒙古自治区为邻，东南部与朝鲜民主主义人民共和国为邻，东北部与俄罗斯为邻。全省下辖8个地级市、1个自治州、20个县级市、16个县、3个自治县，其面积约为19万平方千米、总人口2 400万（2020年）（第一卷图76-1、图76-2）。

省域地势东南高，西北低，主要属于松花江水系，为东北大平原的重要组成部分，属温带大陆性季风气候，环境优越，四季分明，雨热同季，冬季寒冷较长，是世界玉米、小麦、水稻、大豆、水果、肉类等重要产区，是我国重要的农业大省、汽车制造和化工基地。传统的"三宝"——人参、貂皮、乌拉草及长白山天池等旅游胜地均很有名。

从大尺度空间看，东北属于东北亚地理区，东北亚地区大致包括日本、韩国、朝鲜、蒙古国、中国的东北地区，以及俄罗斯的远东联邦管区，即整个环日本海地区。从地缘政治格局看，这里人口集聚，经济与文化发达，是大国地缘利益碰撞的区域。自古以来，中国在东北亚地区扮演着重要的角色。

吉林给我留下深刻印象的有长春中国第一汽车制造厂、吉林化工、伪满皇宫、东北师范大学等。难忘2020年9月，我站在田边欣赏近处微风下大片的麦浪滚滚和远处那一望无际的大平原农田。

出于专业的敏感性，我对新中国成立初期吉林省的省会由吉林搬至长春的原因颇有兴趣。

吉林地处东北亚地缘政治的中央位置，战略意义重要。东北亚地区政治构成复杂，超越意识形态，加强区域合作，促进共同繁荣是东北亚各国共同的命题，作为东北亚中心的吉林十分期待这一大空间区域的合作。

第一卷图76-1　走进吉林省省会长春市（2020年9月）

第一卷图 76-2　国旗飘扬的长春（2020 年 9 月）

77. 中国农业强省

2006 年的暑假，我被地理学院推荐参加了校工会组织的赴俄罗斯远东海滨城市符拉迪沃斯托克（海参崴）的度假旅游活动，回国途中考察了吉林省，在大巴车休息之余，拍摄了不少照片，大多是夏季农业景观（第一卷图 77-1 至图 77-4）。

第一卷图 77-1　流经吉林省的牡丹江桥头远眺（从俄罗斯旅游回国，大巴车在牡丹江桥头休息。2006 年 7 月）

第一卷图 77-2　省域东部地区的旱作——秋玉米（2006 年 7 月）

第一卷图 77-3　吉林省吉林市市郊农业收获的季节（2006 年 7 月）

第一卷图 77-4　吉林省吉林市市郊收获的成片玉米地及自拍（2006 年 7 月）

吉林省位于东北大平原的腹地，气候环境非常适宜于农业耕作，是国家粮食的主产区和全国"六大林区""八大草原"之一。耕地资源丰富，全省耕地 553.78 万公顷，人均耕地 0.21 公顷，是全国平均水平的 2.18 倍！中部的松辽平原是"黄金玉米带"和"大豆之乡"，也是全国商品粮集中产区。在四平市梨树县建有国家百万亩绿色食品原料（玉米）标准化生产基地核心示范区；东部的长白山区，被称为"长白林海"和"动植物立体资源宝库"；西部为草原、湿地生态区，是牧业、杂粮杂豆、糖料、油料生产基地。2017 年，吉林农林牧副渔业在经济中的比重为 9.3%，高于全国平均水平，同年，全国第一产业占比为 7.9%。

如何提高农业省份的经济收益，提高农民的生活水平和质量？这是吉林省农业发展中面临的主要课题。第一，要进一步优化农业结构，注重特色农业发展，提高农产品的品质和产量，提高规模效益，促进增产增收；第二，要切实加强黑土地保护，推进农作物秸秆还田，保护耕地资源，提升耕地质量；第三，在推进农村人口城镇化过程中，解决农村劳动力后继无人的问题，大力培养留得住的现代新型"农民"。此外，还要做好乡村产业、人才—劳动力、文化和生态规划，加强乡村组织制度建设，加快实施乡村振兴战略，推进农业农村现代化发展。

78. 汽车·石化工业大省

汽车制造和石化工业是吉林省工业经济的两大支柱。早在"一五"时期，汽车制造和石化都是国家在吉林重点投资建设的项目。20 世纪六七十年代，当我站立在规模宏伟的第一汽车制造厂门前时，兴奋不已，深深感慨新中国在"一穷二白"基础上成功建设了第一汽车制造厂。那时，2 万多名建设大军响应国家召唤，从全国各地奔赴长春，三年之内建成这个厂，国产解放牌汽车下线了，中国能够自主生产出自己的"红旗牌"高级轿车了，长春由此也成为中国汽车工业的"摇篮"！兴奋之中我徒步围绕一汽厂兜了大半圈，非常过瘾！

2016—2017 年，吉林省百强企业综合排名中，依次为长春一汽大众、中国石油吉林石化、一汽解放汽车、一汽轿车、吉林油田。2020 年我重访"一汽"和"吉林石化"，如今的汽车制造、石油化工有了长足的发展，依然是吉林省的支柱和特色专业化生产企业（第一卷图 78-1 至图 78-9）。

第一卷图 78-1　新中国第一座大型全功能汽车制造厂（2020 年 9 月）

第一卷图 78-2　第一汽车制造厂的门口留影（这里成为一汽人举办活动的重要场所。2020 年 9 月）

第一卷图 78-3　一批批红旗牌轿车待运（2020 年 9 月）

第一卷图 78-4　长春市绿园区，拥有 64 万几代造车人的"一汽（昆仑）社区"（2020 年 9 月）

第一卷图 78-5　从长春去吉林经过的吉林市域站点——九站（2020 年 9 月）

第一卷图 78-6　九站外墙上的地图（驻足九站外墙上的这幅地图，
长春至吉林地理方位、地点一目了然。2020 年 9 月）

第一卷图 78-7　从松花江南侧远眺吉林石化总公司（2020 年 9 月）

第一卷图78-8　正在用手机紧张地调研（2020年9月）

第一卷图78-9　江畔留影（2020年9月）

省会长春和第二大城市吉林相距仅120多千米，我们的自驾车在长春和吉林两个城市间行驶的单程时间不足两小时！相向发展，特色发展，推动长春—吉林的一体化进程，对提升吉林省域经济水平具有重要意义。

79. 省会城市变迁：吉林→长春

受政治、历史、地理环境、交通和城市发展等多因素的影响，吉林是我国省会城市变动最为频繁的省份，主要发生在清朝、民国、伪满至新中国成立初期。

1653年，清廷将原属于盛京昂邦章京（即总管）所辖的黑龙江、松花江、乌苏里江流域，以及黑龙江上游的石勒喀河流域和库页岛在内的海中诸岛，设置宁古塔昂邦章京，驻地宁古塔城（今黑龙江省海林市境内宁古塔旧城），因宁古塔城地势低洼，常受水患，亦为抗击沙俄骑兵的入侵，1666年将军衙门移驻宁古塔新城（今黑龙江省宁安县城），是为首次迁移（第一卷图 79-1）。

清康熙十二年（1673 年），建吉林城，命名"吉林乌拉"，吉林由此得名。1676 年，衙门移驻船厂（今吉林市）后，由宁古塔将军主持修筑吉林乌拉城（今吉林市），将军衙门移驻吉林乌拉城。1683 年，宁古塔将军所辖西北地区被划出，设镇守黑龙江等处地方将军衙门，简称黑龙江将军衙门。东北地区形成盛京将军、宁古塔将军、黑龙江将军三大辖区。

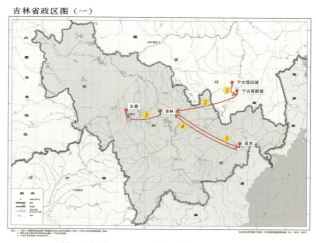

第一卷图 79-1　省会城市变迁示意图

1747 年，撤销永吉州，建立吉林厅。1757 年 4 月 11 日，宁古塔将军改称"镇守吉林等处地方将军"，简称吉林将军，驻地吉林。1860 年，中俄签订《中俄北京条约》，原属吉林省的沿海地区被割让给俄国，吉林成为内陆省。

1907 年，光绪帝发布谕旨裁撤东北三将军，设奉天（今辽宁）、吉林、黑龙江三省，盛京将军为东三省总督。吉林省正式建立，省会设于吉林府（今吉林市）。

民国时期的政区基本沿袭清末政区，吉林城的省会地位未变。

1931 年"九一八"事变后的伪满政府时期，在吉林省内设"新京特别市（今长春）"，为伪满政府驻地。

1945 年 8 月，日本战败投降，国民党成立"吉林地方治安维持会"。11 月共产党成立吉林省政府，省会设在吉林市，1946 年 5 月撤出吉林市，省政府迁至延吉市。1948 年 3 月 10 日，吉林省政府又迁回吉林市。

1948 年 10 月 19 日，长春和平解放后，改称长春特别市，后又改回长春市。1953 年 8 月 1 日，长春市升为中央直辖市。1954 年 8 月改为吉林省辖市，9 月 27 日吉林省人民政府从吉林市迁至长春市。

从东北地区的交通网络、吉林省域长春—吉林两大城市的基础与功能分工来看，确立长春的省会城市地位无疑是合理的。

2020 年 10 月初，作者专程前往长春、吉林两座城市考察，寻找当年吉林省的省会旧址，未能如愿（第一卷图 79-2 至图 79-8）。

第一卷图 79-2　长春市中心城区街景（2020 年 10 月）

第一卷图 79-3　长春电影制片厂（2020 年 10 月）

第一卷图 79-4　东北电器城及周边商业楼（2020 年 10 月）

第一卷图 79-5　吉林石化总公司（2020 年 10 月）

第一卷图 79-6　吉林市党政机关大楼（2020 年 10 月）

第一卷图 79-7　从松花江南岸看吉林市容（2020 年 10 月）

第一卷图 79-8　吉林市老城区（未能寻见原吉林省的省会旧址。2020 年 10 月）

80. 参观伪满皇宫博物院

长春曾是伪满洲国的首府。自民国二十一年（1932 年）三月九日起，溥仪执政的"满洲国"至 1945 年日本投降、伪满洲国垮台，其执政的十多年，也是日本侵略中国、东北沦陷的十多年。伪满皇宫博物院真实记录了这段历史。

位于长春市光复北路的伪满皇宫博物院，前身为民国时期管理吉林、黑龙江两省盐务的吉黑榷运局官署，是中国保存比较完整的宫廷遗址之一，其建筑风格具有典型的殖民性特点。其中，同德殿是伪满皇宫旧址内体量最大的建筑，体现了皇家宫殿和中日合璧风格的特点。博物院规模宏大，收藏了大批伪满宫廷文物、日本近现代文物、东北近现代文物、民俗文物以及近现代有代表性的书画、雕刻、非遗传承人作品等艺术精品，内容极为丰富。2013 年，伪满皇宫博物院被评为全国重点文物保护单位。2017 年 5 月，被确定为国家一级博物馆。去长春参观考察、旅游，看看这座博物院是一个不错的选择。"从皇帝到公民——爱新觉罗·溥仪的一生"的展览，展现了溥仪从清朝末代皇帝、伪满傀儡皇帝、战犯到被改造成为新中国公民的传奇经历，很吸引人们的眼球。

2006 年夏，我们从延吉市去镜泊湖游览返回途中经留长春，参观了伪满皇宫博物院。2020 年 10 月初我再次到访，短暂停留中发现多了一块"长春溥仪研究会"的牌子（第一卷图 80-1 至图 80-3）。

第一卷图 80-1　伪满皇宫博物院近景（2006 年 8 月）

第一卷图 80-2　伪满皇宫博物院全景（2020 年 10 月）

第一卷图 80-3　重游长春伪满皇宫博物院（大门左侧多了一块
"长春溥仪研究会"的牌子。2020 年 10 月）

81. 艰难登上长白山天池

长白山是中华十大名山之一，为典型的火山地貌，也是满族的发祥地。景区处于东亚大陆边缘，濒临太平洋的强烈褶皱带。中生代以前，地壳变迁活动频繁，中生代经历风雨侵蚀，形成一系列山间盆地；新生代，变成波状起伏、残丘散布的准平原。景区资源丰富，是世界少有的"物种基因库"和"天然博物馆"。拥有"神山、圣水、奇林、仙果"的盛誉。长白山天池是中国最高最大的高山湖泊，也是东北地区松花江、鸭绿江、图们江三条大江的发源地。唯有登上长白山峰顶，近看天池，才能体验山之俏，湖之美！它是人生之中必看的风景！

长白山景区位于长白山北坡，与朝鲜毗邻，是国家 5A 级旅游景区。顶峰天池是人们向往的目的地。2006 年 8 月，我们的考察团在结束俄罗斯远东港口城市符拉迪沃斯托克（海参崴）度假旅游后，回到国内的第一站就是长白山景区。大巴从北坡上山直达景区。一下车就被那山坡浓密的森林、灌木、涓涓细水、瀑布所吸引，纷纷忙着拍照留念（第一卷图 8-1）。

长白山天池，主峰海拔 2 189.1 米，陡峭而神秘，天气变幻莫测。一年 365 天中约有250 多天是雨天，雨天峰顶封山。很多时候，山下天气晴朗，山上却雨雾蒙蒙，此时主峰（天池）会被关闭。因此，看主峰，看天池，要看运气了！

我们大约等了一个多小时，穿上雨衣上山，等待时机登顶。车盘行至半山腰，天空雨雾腾腾，疑惑之际，继续上行，直达顶峰，脚下白雪皑皑，天空飘着大雪，能见度极低，连近在咫尺的主峰天池也模糊不清。更糟糕的是，脚骨发软，根本无力登上只剩三米高的山顶。情急之中，两位年轻的随同发力把我们两位"老者"拉上了顶峰，迷迷糊糊目睹了眼前、脚下的天池！迅速打开相机，同伴为我们拍下珍贵的照片（第一卷图81-2）！

第一卷图81-1　长白山天池景观及留影（2006年8月）

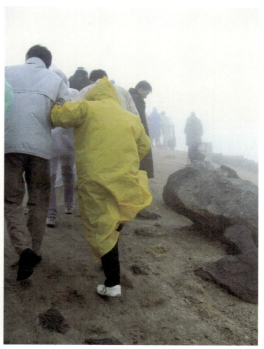

第一卷图 81-2　艰难登上长白山火山口——天池（2006 年 8 月）

82. 夜宿延边朝鲜族自治州首府：延吉市

　　华东师范大学 2006 年暑期（7 月至 8 月）考察团从海参崴回到国内的第一站就是延吉市，我们在此稍作停留，晚餐小憩。黑夜中，车路过市政府和延边大学抢拍的几张照片，记录了实情（第一卷图 82-1 至图 82-5）。

延吉市位于长白山脉北麓，是吉林省延边朝鲜族自治州的首府，东北亚经济圈的腹地，东距中俄边境60千米、日本海80千米；南距中朝边境仅10余千米，地理位置重要，为联合国拟定的图们江区域大"金三角"规划里中方的一个重要支点。

延吉历史悠久，建制多变。唐朝及以前，曾先后属渤海国、高句丽政权辖地，元、明设有卫所，清康熙年间始建。随人口日增，清光绪二十八年（1902年）设延吉厅，先后升为延吉府、改延吉县，东北沦陷时期为伪满间岛省的省会；抗战胜利后延吉划归吉合区行政委员会延边地区管辖，为延边地区行政公署驻地，也是延吉县政府驻地。1948年3月10日，吉林省政府从延吉迁往吉林市，7月，东北行政委员会批准设延吉市（区级市），隶属延吉县。1952年9月，成立延边朝鲜族自治区（1955年改为自治州），延吉是自治区人民政府驻地。1985年1月，国务院批准延吉市为全国甲级开放城市。延吉是朝鲜族聚居的城市，朝鲜族约占总人口的57.0%。城镇人口近50万，城镇化率高达90%以上，文化教育水平较高，延边大学是吉林省和教育部共同支持的重点建设大学。

第一卷图82-1　在延吉市城区的商业街用餐（2006年7月）

第一卷图 82-2　延吉市郊区朝鲜族聚居的乡村（2006年7月）

第一卷图 82-3　20世纪初环境污染问题还相当突出的延吉市郊采矿工业（2006年7月）

第一卷图 82-4　夜幕降临，路过延边大学（2006年8月）

第一卷图 82-5　延吉市人民政府大楼（2006 年 8 月）

83. 路过吉黑边界，前往镜泊湖

镜泊湖是我们观光休闲队在东北要去的第二个目的地。从延吉市乘坐大巴车行大约 2 个多小时即达镜泊湖旅游区，在跨越牡丹江，抵达吉黑两省边界（吉林省敦化市和黑龙江省宁安市交界处）的 43 号界桩下车休息。我拍下了这个界桩，留下了影像（第一卷图 83-1）。仔细观察，在交界处除了公路路面稍有区别之外，吉黑两省在自然景观上没有多大不同；但黑龙江省内公路两侧的林木要多一些，而路过的吉林省一侧，则是波状起伏的一片大平原（第一卷图 83-2）。

跨过吉黑边界，很快到达中国最大、世界第二大高山堰塞湖——镜泊湖（第一卷图 83-3）。清初，因原来的居民以湖水照人如镜而得名。我们乘坐游船欣赏了这个由火山熔岩堰塞形成的湖泊。在湖泊的出口处，由玄武岩构成陡峻的峭壁，湖水由上冲泻而下，形成一个宽约 30 多米、落差 20 多米的"吊水楼"瀑布。8 月的夏季，山丘郁郁葱葱，湖水碧波荡漾，气候凉爽，十分宜人。

第一卷图 83-1　吉黑省界的界桩留影（2006 年 7 月）

第一卷图 83-2　吉林农业（2006 年 7 月）

第三章 辽吉黑 | 215

第一卷图83-3 镜泊湖景区系列摄影（2006年8月）

84. 吉林省发展的战略思考

吉林省是一个近边、近海、不靠海的省份，在东北处于辽宁与黑龙江两省的过渡地带，如何充分利用本省的优势，挖掘自身潜能，找准发展战略，赶上新时代的步伐，重振吉林雄风，是值得思考的重要问题。我以为，吉林要打造以下五个王牌：

（1）东北亚地理中心的王牌。建设东北亚空中和陆地枢纽，加快长春与吉林的都市圈融合，形成东北亚的中心大都会区，在东北三省和东北亚地区发挥地理区位中心性的作用。

（2）耕地资源、大农业的王牌。吉林的农业具有国家战略意义，提升品质，合理布局，大力推进乡村振兴战略，提高农业、农村、农民的现代化水平和生活质量，是吉林省必需长期坚持的方向。

（3）汽车制造、石油化工的产业王牌。面对国内外新的环境，要加速转型，调整结构，坚持人才优先战略，保持两大产业在全国的优势和领先地位。

（4）特色文化和旅游的王牌。作为曾经的"伪满洲国"，吉林文化特殊，可挖掘的人文旅游资源很多，特别是长白山特殊的地理环境、天池特殊的景观、朝鲜族的民族风情，这些是吉林省"搬不走"的山体—人文旅游资源。因此，精心打造，高标准开发和管理，提升综合服务水平是关键举措。

（5）东北三省江河源头的王牌。吉林省地貌形态差异明显，现代流水侵蚀作用对地貌的影响很广泛，属温带大陆性季风气候，夏季雨量丰沛，河湖众多，由于地势高于辽宁、黑龙江两省，成为东北地区五大水系（松花江、辽河、图们江、鸭绿江、绥芬河）及许多支流的发源地。这是与东北其他两省不同的地理环境特点，要合理开发利用，要注意对下游周边省份的影响，处理好上下游的关系，统筹协调大区域水域生态环境的保护与治理。国家也需要统筹协调省域之间环境保护规划、整治的实施与政策的落实。

（八）黑龙江省

85. 纬度最北·经度最东的省份

黑龙江是中国纬度最北的省级政区，省会城市是哈尔滨。清康熙年间设黑龙江将军，清光绪三十三年（1907年）改设黑龙江省，简称"黑"。黑龙江省西部和南部分别与内蒙古自治区和吉林省为邻。北部和东部与俄罗斯接壤，由黑龙江、乌苏里江、松阿察河、兴凯湖等形成的中俄水陆边界线长达2 981.26千米，是世界上最长的江河国界线之一，具有重要的地缘政治意义。

全省今下辖12个地级市、1个地区、21个县级市、45个县、1个自治县，其面积约为46万平方千米、总人口3 170万（2020年）。

历史上黑龙江一直是中国的内河，19世纪沙俄强占了黑龙江以北、乌苏里江以东我国的大片领土以后，演变成中俄界河。2004年黑瞎子岛地区边境协定正式签署，确定了以"两江（黑龙江、乌苏里江）、两河（内蒙古的额尔古纳河和乌苏里江的支流松阿察河）、一湖（兴凯湖）"为界的两国水域边界。每当漫步或疾驰在国境线江边，人们在尽情享受这里带有香草味的天然大氧吧时，也会感叹、追思在这片广袤的国土上，曾经发生过的百年历史屈辱，乃至具有传奇色彩的故事！

黑龙江与辽宁同为新中国重点建设的重工业省份，也是东北经济大省。2019年，省域经济总量达13 612.7亿元，在东北次于辽宁，高于吉林。与全国各省比较，发展相对缓慢。

黑龙江省最具地理科学意义的标志就是它的经纬度。省域南北跨10个纬度、东西越14个经度。纬度的最北点为53°33.5′N，即漠河县（第一卷图85-1）乌苏里镇黑龙江主航道中心线；经度最东点为135°05′E，即黑龙江与乌苏里江的主航道汇合处。可以说黑龙江省是中国最早入冬和最早见到太阳的省份。

第一卷图85-1　黑龙江省漠河县（这里是国内最早入冬的县。2018年8月）

这个经纬度特点具有重要的地理意义。一是纬度对气候的影响。黑龙江省属于寒温带与温带大陆性季风气候。春季低温干旱，夏季温热多雨，秋季易涝早霜，冬季寒冷漫长，无霜期短。气候的一个突出优点是夏季雨热同季，为农业的发展提供了十分有利的条件；冬季，寒冷的气候为发展特色运动和冬季旅游业提供了天然的地理环境基础。二是经度对中国地理时区的影响。黑龙江最东的经度与北京（120°E）相差15°，即差一个时区。去黑龙江东部旅游的人需要把握这个特点，巧做安排。

我关注黑龙江省：第一，因为其地缘政治具有重要性；第二，因为它是新中国成立初期的国家重点建设省份；第三，在"文革"后期，因工作需要，我曾经前往大庆、大兴安岭地区进行过短期考察，留下足迹。

2018 年 8 月，我旧地重游，从大兴安岭进入大庆，亲眼看见并感受到改革开放 40 年来的巨变（第一卷图 85-2 至图 85-4）！

第一卷图 85-2　位于黑龙江畔的黑河（纯洁、蔚蓝色的天空与江水相映。2018 年 8 月）

第一卷图 85-3　夜幕降临下的黑河（2018 年 8 月）

第一卷图 85-4　黑河市（它是国家一类口岸城市，原名瑷珲县，是胡焕庸人口线的北方基点城市。2018 年 8 月）

86. 大平原·黑土地·天然林区

黑龙江省域面积达 47.3 万平方千米（含加格达奇区和松岭区），南北跨越了寒温带与温带 2 个热量带，湿润区、半湿润区和半干旱区 3 个干湿区，这在中国大陆东部省区之中属于唯一。其偏于北隅的地理位置与省域地形地貌的良好结合，形成面积达 13.224 万平方千米的大平原，超过浙江、江苏、福建 3 个省的陆域面积，几乎与安徽省相近！大面积肥沃的黑土耕地资源，是黑龙江省发展农牧林业的天然财富。全省可耕地面积超过总面积的 1/3，达 1 594 万公顷。松嫩平原农牧区，宜农耕地多，单产高，是国家商品粮集中产区。

大兴安岭是中国保存较为完好、面积最大的天然林区和重要的林业基地，降水丰富，林木生长率高，数十年来为国家提供了无数的木材资源。如今，虽然原始森林较少，但次生林生长良好，为国家重点建设的林木基地。

2018 年 8 月，我从加格达奇乘坐绿皮列车南行前往大庆，一路欣赏依然茂密的林木、草地和散落在山丘间的乡村，当列车驶过一条宽阔的大江，我知道它是嫩江，越过嫩江大桥，就是一望无际、平坦的松嫩平原，很快抵达齐齐哈尔站（第一卷图 86-1 至图 86-5）。眼望大地一片片农田，绿油油的大豆、蔬菜，待收割的麦子、玉米，心中不由想起 20 世纪六七十年代成千上万的知青，在这一望无际的荒地上挥锄耕作，创造了一片新天地，敬佩的心情难以言表！

巧合的是，我在列车上遇到了一位 70 岁的上海老铁道兵，他向我讲述了当年在大兴安岭、在北大荒奋斗的真实故事，他说，有不少铁道兵牺牲在这条铁路线上！我陷入沉思。

那个年代，一大批城市知青在北大荒这块黑土地献出了美丽的青春，做出无私贡献，后人不该忘记这段历史！

第一卷图 86-1　在空中和列车上拍摄的松嫩平原（2018 年 8 月）

第一卷图 86-2 小兴安岭锦河大峡谷林区（2018 年 8 月）

第一卷图 86-3 锦河大峡谷林区（2018 年 8 月）

第一卷图 86-4　加格达奇野生植物园 1（2018 年 8 月）

第一卷图 86-5　加格达奇野生植物园 2（2018 年 8 月）

第三章　辽吉黑 | 221

87. 全国最大的重型机械工业基地

黑龙江是新中国工业建设的重点省份之一，其重型机械、采油及炼油、煤炭、木材采伐和加工等在全国名列前茅。哈尔滨、齐齐哈尔、大庆、鹤岗、鸡西、双鸭山、佳木斯、加格达奇等都是著名的工业城市，哈尔滨电机厂、锅炉厂、汽轮机厂及哈尔滨工业大学都是众所周知的国家大型企业或高等学校。

装备制造业是黑龙江省经济发展的基石，计划经济时期在全国有很大的影响力，与辽宁省一样，为推进省域和东北乃至全国经济发展发挥了基干作用。改革开放后，机械、石油化工、煤炭三大支柱工业仍居全国重要地位，新兴的食品工业发展也较快，但整体经济出现下滑趋势，逐渐被江苏、广东、浙江等省超越，其增长率甚至不及吉林，让人不解！

原因是多方面的，旧体制的惯性、缺乏活力，结构老旧，转型不力，加上科技、人文、政策，乃至整个东北老工业基地发展大环境欠佳等因素。不过，远离市场经济发源地使黑龙江遭受冲击最大！重振黑龙江的重工业雄风，是新时代黑龙江省发展的要务。

2008年夏季，我独自专程飞哈尔滨考察了两天，并在新中国诞生后最早建设的三大重工业——哈尔滨汽轮机厂、电机厂、锅炉厂三家厂门前拍照留念（第一卷图87-0）。

第一卷图87-0　在黑龙江三大重工业厂门前拍照（2008年8月）

88. 从北大荒到北大仓

20世纪七八十年代，北大荒对于沿海大城市的居民来说是个非常熟悉的地名，那时候仅上海就有超过15万家庭的青年响应号召，奔赴北大荒，在茫茫的大平原未开垦的土地上挥汗劳作，开垦荒地，自立生活，创造农林财富，并接受艰苦环境的锻炼。"文革"后期，我和同事奔赴黑龙江做了短暂的考察，对大兴安岭、北大荒留下深刻印象。

数十年过去了，数十万知青硬是靠一双勤劳的双手，把这个昔日北大荒建设成了如今现代化的农场——国家最重要的商品粮仓之一（第一卷图88-1至图88-3）。2018年9月25日习近平总书记考察黑龙江建三江农场感慨地说：北大荒建设到这一步不容易，新中国成立70年了，这种沧桑巨变，了不起。中国人要把饭碗端在自己的手里，而且要装自己的粮食。

北大荒是黑龙江垦区的俗称，地处我国东北部小兴安岭南麓、松嫩平原和三江平原地区。为世界三大黑土带之一，土壤肥沃，耕层厚，有机质含量高，适合小麦、大豆、水稻和玉米等农作物生长。

进入20世纪的1949年，国家成立国营农场的管理机构，50年代中后期，王震亲率10万复转官兵挺进北大荒，翻开了开发建设史上壮丽的一页。1968年组建沈阳军区黑龙江生产建设兵团，1972年改设黑龙江省国营农场管理局。1978年，国营农场改为国有农场。六七十年代，百万复转官兵、支边青年、大专院校毕业生和城市知青组成的拓荒大军相继开赴北大荒，用青春、热血和汗水创造了人类垦殖史上的奇迹。2019年完成由黑龙江农垦局向北大荒农垦集团总公司和八大分公司企业的转制。

第一卷图88-1　从加格达奇乘坐绿皮车，过嫩江大桥进入
大粮仓中心地区齐齐哈尔市域（2018年8月）

第一卷图 88-2　东北大粮仓——松嫩平原（2018 年 8 月）

第一卷图 88-3　松嫩平原滨洲铁路两侧大粮仓的居民点（2018 年 8 月）

农场现辖土地总面积为5.54万平方千米,其中耕地4 448万亩、林地1 362万亩、草地507万亩、水面388万亩,分布在全省12个市,总人口超过136.4万。它是我国耕地规模最大、现代化程度最高、综合生产能力最强的国家商品粮基地和粮食战略后备基地,是一个以农业为基础,工商运建服综合经营,多种经济成分共存,社会事业全面发展,具有区域性、社会性、综合性特征的相对独立的特殊经济社会区域。农业科技贡献率达68.2%,科技成果转化率达82%,居世界领先水平。垦区的城镇化率达86.5%。北大荒农垦集团作为我国农业先进生产力的代表将继续在农业科技现代化道路上奔跑。

89. 省会哈尔滨

2008年夏季的一天,我独自坐飞机去哈尔滨。第二天,我包了一辆出租车,大半天时间,就把哈尔滨城跑遍了,随手拍了不下二三百张照片。我关注的是以下两个问题:

第一,这座城市的文脉。哈尔滨是一座没有城墙的城市,也是较早形成的国际都市。其历史源远流长,为金、清两代王朝的发祥地。金收国元年(1115年)在上京(哈尔滨阿城区)建都,后又为陪都、要塞;清朝后期,随"京旗移垦"和"开禁放荒"政策的实施,大量满汉百姓移入;清光绪年间,中东铁路的建设,推进了哈尔滨城市的发展。20世纪初,成为国际性商埠,曾有33个国家的16万余侨民在此聚集,19个国家设立领事馆。与此同时,民族资本兴起,哈尔滨成为北满经济中心和国际都市。1945年从日伪统治下解放,次年建立人民政权,为全国最早解放的大城市之一。

第二,这座城市多民族融合、现代时尚的魅力。新中国成立初,哈尔滨的人口仅70余万;2015年末,哈尔滨市辖区人口增加到548.7万(含双城区)。多民族融合是哈尔滨城区人口结构的重要特点。2010年,哈尔滨市共有47个少数民族,少数民族人口61.67万,占全市人口总数的6.55%,占全省少数民族总数的33%,包括朝鲜族、满族、蒙古族、锡伯族、达斡尔族、鄂温克族、鄂伦春族等,还有不少俄罗斯人。在俄国入侵东北时期,大批俄国人迁入居住,建造了圣尼古拉大教堂、圣索菲亚大教堂等欧洲风格的建筑,特别是法式教堂,具有浓厚的巴黎浪漫风格。十月革命后,又有大批俄国人逃离苏俄,来哈尔滨居住。

在哈尔滨短暂的考察,我感受到这座城市现代、浪漫、时尚的魅力!与"小巴黎""东方莫斯科"的美称相符;2018年8月哈尔滨市当选为"东亚文化之都"❶。傍晚时分,我漫步在中央大街,见到一条排列整齐的"画家卖艺街",花费几十元画了一张肖像。

哈尔滨独特的俄式建筑和马路吸引着我。走在大街小巷或是漫步松花江畔,有一种和谐而悠闲的感觉(第一卷图89-1至图89-5)。街道整洁、宽敞,特别是在中央大街、尚世大街、秋林大街,建筑豪华、色彩斑斓,久看不厌!大街上没有看到很多警察,轻松,安全,管理有序。冬天的哈尔滨被打扮成一个神奇的冰雪世界,奇丽瑰玮,每年举办的冰雪节、冰灯博览会成为哈尔滨冰灯艺术的大观园,吸引大批国内外游客。

哈尔滨是黑龙江省的政治、经济、文化中心。新中国成立初期,是我国最重要、规模最大的电机、锅炉、汽轮机生产基地,也是重要的军事工业基地,还有一流的著名高

---

❶ "东亚文化之都"为中国、日本、韩国三国领导人机制下创建的三国文化领域的品牌。当选城市以此名义开展形式多样的文化活动,带动城市文化建设,以文兴城,提升城市的国际知名度。除哈尔滨之外,同时获得殊荣的还有三亚、西安两座城市。——新华社2017年北京8月7日电

校——哈尔滨工业大学，地位举足轻重（第一卷图89-6）。新时代，哈尔滨不仅要重振装备制造业雄风，更要充分发挥大区域地理空间的区位优势，建设全方位立体化国际物流通道新体系，打造东北亚地区具有重要影响力的现代化城市，一个东方魅力之都！

第一卷图89-1　哈尔滨市老火车站、市中心广场（2008年8月）

第一卷图89-2　哈尔滨市市容市貌1（2008年8月）

第一卷图89-3　哈尔滨市市容市貌2（2008年8月）

第一卷图89-4　观松花江畔江景，游太阳岛景区（2008年8月）

第一卷图 89-5 中央大街上的卖艺人（2008 年 8 月）

第一卷图 89-6 两所著名高校——哈尔滨医科大学、哈尔滨工业大学（2008 年 8 月）

90. 俄式风情与俄式商业大街

受俄罗斯文化的深刻影响，哈尔滨市区充满了欧式艺术特色的建筑，形成这座城市的特色建筑文化，吸引着世界各地观光、旅游、休闲的游客，对"建筑地理"有兴趣的学者同样具有强烈的吸引力。

一百年之前，当欧洲移民涌入哈尔滨，同时也带来其语言、文化、社会生活方式、风俗习惯，以及宗教信仰等等，进而逐渐与中国文化融合，形成哈尔滨特有的地域文化和风俗特征。这种文化的最明显影响表现在具有异国风情、独具一格的城市建筑上，包括俄罗斯建筑、俄罗斯化的巴洛克建筑，等等。

我作为建筑的外行，又只有一两天的时间，难以展现哈尔滨欧式建筑的全貌。但反映俄式风情建筑和俄式商业大街的风貌的话，以下影像还是绰绰有余的（第一卷图 90-1 至图 90-4）。

第一卷图 90-1　中央大街 1（2008 年 8 月）

第一卷图 90-2　中央大街 2（2008 年 8 月）

第一卷图 90-3　哈尔滨啤酒市场（2008 年 8 月）

第一卷图 90-4　圣索菲亚大教堂（始建于清光绪年间的圣索菲亚大教堂，
为远东最大的东正教教堂，哈尔滨的地标性建筑。2008 年 8 月）

91. 重逢油城：大庆（一）

　　我第一次去油城是"农业学大寨""工业学大庆"的 20 世纪六七十年代，我和一位同事去大兴安岭学习中国科学院地理研究所荒地考察的经验。那年暑假，我们手揣一堆华东师范大学的介绍信，风尘仆仆，直奔大兴安岭，在大庆停留，参观了这个当时地图上找不到的神秘大油田。当时的地图上只标有安达市，其实就在它的左上方，隐藏着新中国开发建设的"大油城"——大庆。

　　踏上大庆的土地，我闻到空气中飘散着的"油香"味，但有点不习惯；坐上公交车，我们被异样的眼神注视，因为我们穿着短袖短裤乘车。好奇的是，在公交车上不设售票员，因为那时候在大庆乘坐公交不用付钱。

　　大庆是一座在草原上生长，由没有围墙的一对对采油树组合成的大"油城"。我们在大庆，参观路边的采油树、"干打垒"（一种用土垒起来的采油工人住房），目睹、感受新中国石油工业发展之艰辛，聆听和感悟"铁人精神"。亲临目睹大庆石油工人为新中国的战略物资——石油供给做出的巨大贡献！

　　一晃数十年过去了，余生之年，梦想旧地重游。

　　2018 年 7 月下旬，在天津安顿好老伴之后，我和天津工作的大儿子开始北上，从海拉尔开始，由西向东一路考察呼伦贝尔大草原、大兴安岭和大庆。8 月 5 日从加格达奇经齐齐哈尔去大庆，乘坐的绿皮车经过嫩江、齐齐哈尔到达大庆，路上足足跑了 8 个半小时（第一卷图 91-1 至图 91-3）。我们在大庆住了整整三天，仔细地考察了这个昔日的"英雄"城市，如今的黑龙江省第二大城市。在大庆，我们乘坐公交（不过需要买票了），饱览市容，与采油树亲密接触，在酒店高楼远眺炼油厂，参观博物馆、纪念馆，与老技术人员聊天，在湖边散步，拍照留念。重温了大庆的历史，感受了大庆的巨变！

　　大庆市区形似"哑铃"，东西相距 20 多千米，坐公交，观市容，是一个经济并有效考察市容市貌的好方法。我们上车后发现车厢里有 3 个很特别的车位，标明为"老弱病残"和"石油会战老同志"专座，这是对当年参加石油会战老同志的尊重和敬意！上车后，我

第三章　辽吉黑 | 229

与前座的一位老同志聊了起来。他说，他是一位技术人员，今年76岁，参加过会战，已经退休。聊起当年的会战、大庆的变化，他滔滔不绝，直到他到站下车！这位老同志向我们提供了许多信息。

第一卷图91-1　前往大庆的绿皮火车上随拍1（2018年8月）

第一卷图91-2　前往大庆的绿皮火车上随拍2（2018年8月）

第一卷图91-3　大庆石油会战老同志专座（2018年8月）

——大庆采油共分为10个作业区，每个钻井队建有一座炼油厂。

——提起铁人王进喜，他说，他是真正的英雄，其5个儿女中有4个都在油田工作，一个儿子是队长，被选派往中东，在国外采油。

——大庆采油工人的工资不低，满大街跑的小汽车很多属于上班采油的工人。

——大庆的危机是资源越来越少，产量上不去了，钻井越来越深，已经超过－3 000米！地下水位已经下降至－1 000米以下了，需要大量地表水补充，成本高了！炼油厂的原油不足，靠俄罗斯油补充，油的质量不错，先用船运至大连港，转管道输送达大庆炼油厂。

到达公交终点站，我们下车走进王进喜纪念馆，仔细地参观了全馆，拍下全部展板的照片，深深为王进喜的铁人精神、大庆精神所震撼和感染，久久难以平静（第一卷图91-4）。在迈向新时代的今天，我们仍然需要继承这种精神，需要重温大庆走过的路。

与改革开放之前相比，大庆的城市规模大大扩大了，辖有5个市辖区，整个城市东西宽、南北窄，形成"一主（东部主城区）一副（西部副城区）""三城（老城、新城、油城）一区（采油区）"的空间格局（这是我考察之后的归纳）。大庆变大了，长高了，人多了，变美了。

如今大庆的建成区面积为200多平方千米、市辖区人口135万（2018年），高层楼宇建筑多了，更漂亮了，再没有"干打垒"了。一排排整齐的宿舍居住区分布在全市各个角落，老旧的石油工人聚居区大为减少，但遗留的痕迹尤在，在火车站西面东西大马路的一侧仍可看到采油树与作业区办公室、居住区相邻的格局，传承了生产、办公、生活一体化的特征（第一卷图91-5至图91-8）。初始的大庆，依托采油树盖起了办公室和宿舍，在家门口上班采油十分方便。

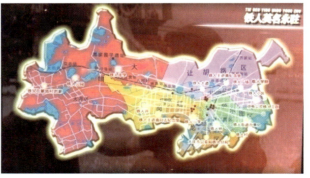

第一卷图91-4　坐绿皮车抵达大庆，在铁人王进喜纪念馆内发现的大庆市地图（2018年8月）

第一卷图 91-5　抵达大庆市域的油田区域（2018 年 8 月）

第一卷图 91-6　大庆油田早期的采油区及留影（2018 年 8 月）

第一卷图 91-7　采油区留影（2018 年 8 月）

第一卷图 91-8　大庆新城湖滨晚霞及留影（2018 年 8 月）

大庆的重逢结束了，留给我的思考是，在特殊的年代，大庆人为国家做出了巨大的贡献，甚至牺牲，今天面临资源将要枯竭的问题，大庆的出路何在？能否充分发挥国家能源生产基地和能源战略通道的优势实现转型发展，又怎样转型发展？也许做好"油头化尾"的文章，推动石油精深加工，延伸产业链条，进一步提升大庆石化产业研发能力，开拓创新，建设世界级、综合性石油化工产业和研发基地，是一条可行之路。

92. 重逢油城：大庆（二）

我对大庆精神感受最深，难以忘怀。"新时代依然要弘扬的一种精神，即大庆精神，亦称铁人精神"，这是我参观铁人王进喜纪念馆之后最强烈的感受（第一卷图92-1、图92-2）。什么是大庆精神？其基本内涵是"为国争光、为民族争气的爱国主义精神，独立自主、自力更生的艰苦创业精神，讲究科学、三老四严的求实精神，胸怀全局、为国分忧的奉献精神。"铁人王进喜是大庆精神的杰出代表。

记住这段历史，继承铁人精神，中国强大了，更需要传承这种精神！

第一卷图92-1　铁人王进喜纪念馆广场前留影（2018年8月）

第一卷图 92-2　铁人博物馆拍照（2018 年 8 月）

93. 大兴安岭·加格达奇：特殊的区域管理体制

加格达奇是黑龙江省大兴安岭地区的首府城市，位于鄂伦春自治旗境内，意为有樟子松的地方。在 20 世纪 70 年代，它对我来说还是一个陌生的地名，我们揣着一堆华东师范大学的介绍信到访时，甚至在地图上都找不到。8 月份南方的气候依然炎热，加格达奇却天气凉爽，我们穿着短袖、短裤，冻得不行。办完公事，便急忙赶往北国边陲——漠河，向中国科学院考察队学习、取经。

那时候，加格达奇是国家森林采伐基地——大兴安岭地区的行政中心（国家林业部的直属管理机关驻地）和生活、社会管理中心，一个伐木工业城镇。它地势较高，周边被茂密的森林包围着，空气清新，商店不多，机关不小。在火车站有很大的木材堆放场，可以看到源源不断的木材运往内地，运输木材的铁路专用线通达各采伐林场。车来人往，一片繁忙景象。但生活相当艰苦，我们在机关的两天吃的基本是玉米糁子饭。

时隔 40 余年，2018 年 8 月 2 日，我从海拉尔乘坐 K 字头绿皮车的软卧再次去加格达奇，一路上，绿皮车穿行在草原牧区，渐渐进入林区，晚上 8 点 01 准时抵达，总计 12 小时 42 分钟，途经 20 多个大小车站。我在车上，时而看看窗外的美景，拍下林中幽静的景色（尽管是次生林），时而做些"社会调查"，直到天黑下车入住酒店（第一卷图 93-1 至图 93-7）。

加格达奇的变化很大，行政机关——大兴安岭管理委员会"鸟枪换炮"了，已然是一个不小的林区城市了！在加格达奇的三天，多为雨天，我们去植物园、森林公园，观鄂伦春族博物馆、自然资源馆，访社区，逛大街小巷，遛菜场，品赏美食等，感受到了这座小城市与众不同的魅力，在夏季很适宜老年人居住生活。

第一卷图 93-1　火车加格达奇站　　　　第一卷图 93-2　大兴安岭资源馆留影
　　　（2018 年 8 月）　　　　　　　　　　　　（2018 年 8 月）

第一卷图 93-3　加格达奇市的行政机关楼（2018 年 8 月）

第一卷图 93-4　加格达奇市的部分商业街（2018 年 8 月）

第一卷图 93-5　北山森林公园内的"党建文化主题公园"（2018 年 8 月）

第一卷图 93-6　北山森林公园留影（2018 年 8 月）

第一卷图 93-7　加格达奇城区社区生活——街道、宠物生活馆（2018 年 8 月）

我在参观大兴安岭自然资源馆时与一位门卫聊天，他是林业局一位副高职称的退休职工。他说，加格达奇最兴旺的时候，来自四面八方的 10 万大军在大兴安岭伐木，采伐的都是粗大的原木——樟子松，现在原木采光了，樟子松也都是次生林了！人也少了，老职工大多回老家了。不过，次生林、人工林长势不错，生态环境不错。

在加格达奇市区北侧山坡上，我们见到高高矗立着的一尊"铁道兵开发大兴安岭纪念碑"，那是为了纪念当年为开发大兴安岭地区献出生命的铁道兵烈士。从 1964 年到 1983 年期间，总计有 8 万名铁道兵在茫茫林海里修建了 792 千米铁路、124 座桥梁和 14 座隧道。大兴安岭为国家源源不断输送的木材资源凝聚了当年无数铁道兵的血汗啊！

出于专业的敏感性，我最关注和好奇的是加格达奇的行政区划体制。

加格达奇，行政上为黑龙江省大兴安岭地区下属的一个区——加格达奇区，但土地权属为内蒙古自治区鄂伦春自治旗，其性质形似"租赁"，每年黑龙江省要向内蒙古自治区缴纳"租金"。它是在特殊时期、特殊背景和特定地区（大兴安岭）林业开发过程中产生的一种特殊体制，是一个复杂、一时难以解决的问题。

这一地区政区和行政体制演进的过程大致如下：

——基于大兴安岭极为丰富的林业资源，国家有关部门在对森林资源进行调查和勘察的基础上，于 1960 年 7 月，成立了加格达奇林业局，同年 11 月，设置加格达奇镇。

——1964 年 2 月，开启大兴安岭的林区会战，在加格达奇镇设立指挥部，将内蒙古自治区的鄂伦春自治旗、莫力达瓦达斡尔族自治旗的一部分及黑龙江省呼玛县全部、嫩江县一部分划给会战区；8 月批准会战区成立大兴安岭特区人民委员会，驻地加格达奇（省辖市级），地方行政工作受黑龙江省领导。

——1964 年 10 月，加格达奇镇移交给会战指挥部管理，它与内蒙古自治区鄂伦春自治旗的隶属关系脱钩。

——1965 年 3 月，加格达奇镇并入松岭林业公司，形成政企合一的特殊行政体制。

——1966 年 4 月，经与黑龙江省和内蒙古自治区协调，国务院批准将鄂伦春自治旗东北部，在原属地不变的原则下划入大兴安岭特区（国字 115 号文件）。

——1967 年末，重新组建加格达奇镇。1970 年 2 月，改称加格达奇区，为大兴安岭特区行政公署驻地，同年 4 月 1 日，大兴安岭特区改为大兴安岭地区。原属呼伦贝尔盟的莫力达瓦达斡尔族自治旗、鄂伦春自治旗，全建制划归大兴安岭地区管辖。

——1979 年 5 月 30 日，莫力达瓦达斡尔族自治旗和鄂伦春自治旗复划归内蒙古自治区管辖。原属鄂伦春自治旗的加格达奇区、松岭区仍由大兴安岭地区管辖，但原属地权不变。

可见，大兴安岭地区加格达奇奇异的行政区划体制是新中国成立之后，国家林业经济发展过程中遗留的特殊的行政体制，涉及民族和省区之间的历史文化、经济利益等权属关系，比较复杂。维持现状是当前最佳，也是无奈的选择。待条件成熟时再明确其行政区划的归属（第一卷图 93-8）。

第一卷图 93-8　加格达奇的自由市场及留影（2018 年 8 月）

94. 黑龙江省的空间战略思考

在中国北方省区之中，黑龙江省具有独特的优势、较好的经济基础，以及特殊的周边空间关系，在战略上要把握以下几点：

（1）充分发挥自然地理环境的优势和特点，抓好特色发展。从地理区位看，北侧以黑龙江为界河大范围、长距离与俄罗斯接壤，设有 25 个中俄边境通商口岸，有利于同俄罗斯开展全方位的国际合作，推进中俄旅游业和国际贸易的发展，重点是要做好与俄罗斯远东地区和海上港口贸易，以及东北亚的大区域互补合作，共谋发展。从地形地貌和区域气候看，要突出山水林田湖草和城市的特色，发挥夏季凉爽、冬季冰爽的气候优势，深度开发生态度假旅游、冰雪旅游、康养旅游；唱响黑龙江本土文化品牌，打造黑龙江文化产业高地，推进文化—旅游融合，加快建设旅游—文化强省。

（2）充分发挥全国耕地和产粮第一大省不可替代的地位和丰富的绿色农副产品品牌资源的优势，把发展大农业和食品加工工业，特别是把确保粮食安全作为长期的战略任务，加速实现由传统农业向现代农业的转化。发展生态农业、节水农业，科学布局、提升品质、提高效益、稳定发展，建设现代化、高水平的农业大省强省，特别是抓好北大荒集团公司的生产与经营管理。

（3）充分发挥已有地下资源、工业基础优势和科教优势，推进有特色的制造业发展，包括发电设备、重型装备、航天航空设备、轨道交通、数控机床及军工产品、"蛟龙号"载人潜水器等；加强传统优势的资源型产业，如煤化及石化产业链协作配套，延长产业链条；大力发展新兴、高端、高附加值、资本和技术密集型等实体经济，重点发展机器人及智能装备、汽车及零部件、石墨及深加工、油气深加工、有色金属、钢铁、生物医药、玉米加工、乳制品等优势产业，着力打造上规模的产业集群，加快建设工业强省。

（4）在城市—产业空间布局上，要以哈—长城市群国家发展战略为依据，强化省会哈尔滨市（第一卷图94-1）的中心地位，增强齐齐哈尔、大庆（第一卷图94-2、图94-3）、牡丹江、佳木斯等城市的辐射带动功能，提升鸡西、双鸭山、伊春、七台河、鹤岗、绥化的城市功能，促进人口和特色产业的集聚发展，尤其是资源型城市的转型发展。要处理好省域内和省际空间关系。省域内适度做大做强省会哈尔滨市，做强哈—齐都市圈，加强省内协调，实现均衡发展；省域间主要是与内蒙古自治区、吉林省的空间衔接，重在基础设施、江河治理和生态环境规划建设管理的跨界协调。要及时开展对资源型城市资源枯竭后的城市功能转换和相应的区划体制改革出路问题的研究，从实际情况出发，适度收缩城市型政区是一个重要选项。

（5）深化体制改革，进一步搞活机制，进一步扩大开放，增强内生动力、凝聚力、吸引力，大力培养留得住的科技和高层管理人才，吸引人才、劳动力回归，为黑龙江经济的高质量发展夯实科技人才基础，注入科技活力。深层次推进国有企业混合所有制改革，向深化市场化改革要动力，不断激发国有企业活力、提高运行效率，推进产业优化升级。充分利用哈尔滨新区、中国（黑龙江）自由贸易试验区、跨境经济合作试验区等载体，加大对优势重点产业支持，加快建立以对俄和东北亚为重点的全方位对外开放新格局。

第一卷图94-1　哈尔滨市的著名景区——太阳岛（2008年8月）

第一卷图 94-2　大庆市铁人纪念馆及留影（2017 年 8 月）

第一卷图 94-3　大庆油田有限责任公司（2017 年 8 月）

第一卷附图1：中国地理分区图一

中国地理四大分区

第一卷附图2：中国地理分区图二

中国地理十大类型区

第一卷附图3：各省区市标准地图

第一卷附图 3-1　北京市标准地图

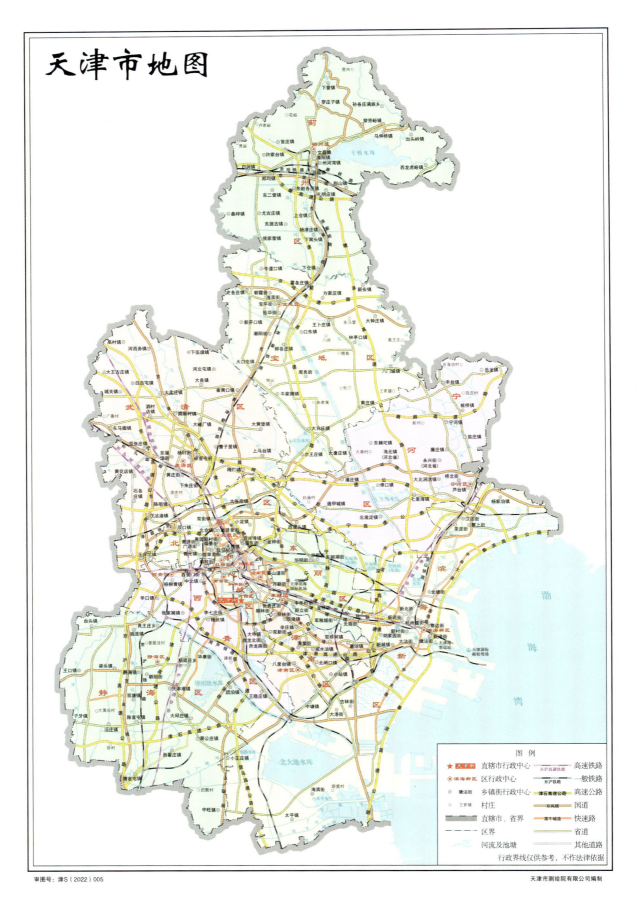

第一卷附图 3-2 天津市标准地图

河北省地图

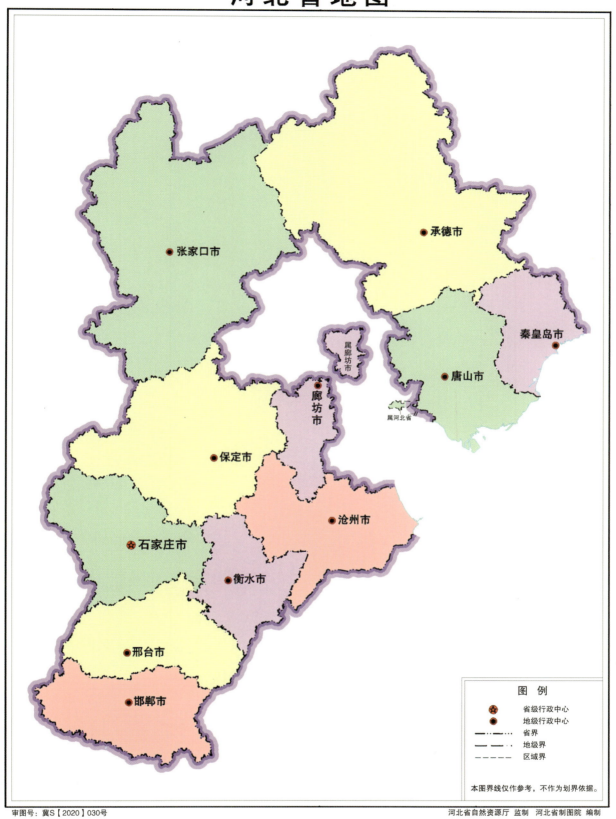

第一卷附图 3-3 河北省标准地图

第一卷附图 3-4 山西省标准地图

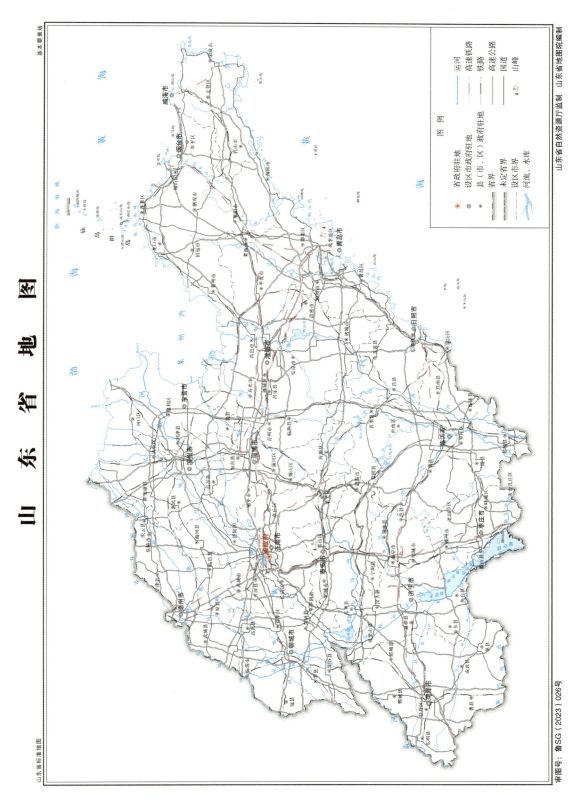

第一卷附图 3-5 山东省标准地图

辽宁省地图

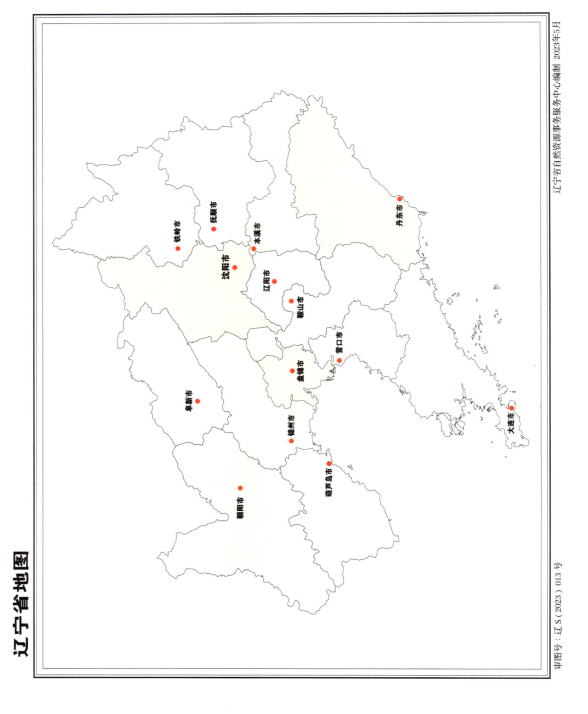

第一卷附图 3-6 辽宁省标准地图

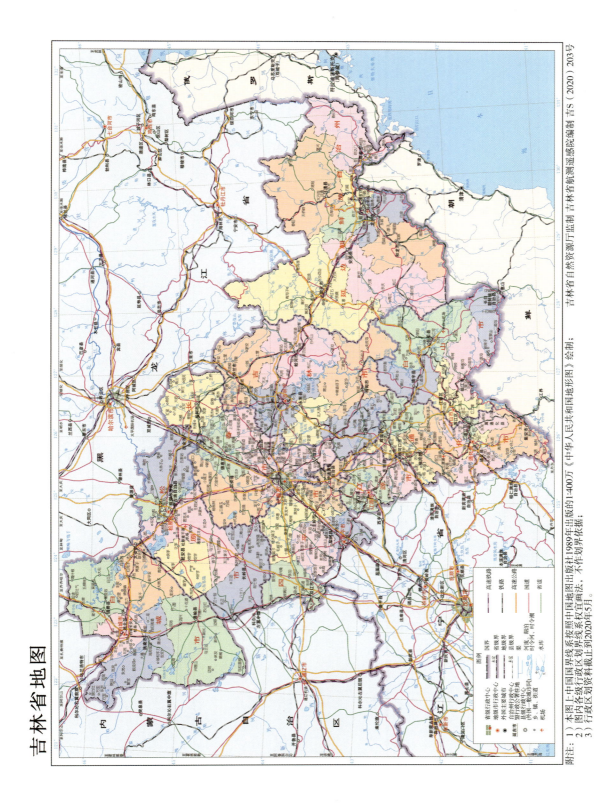

黑龙江省地图

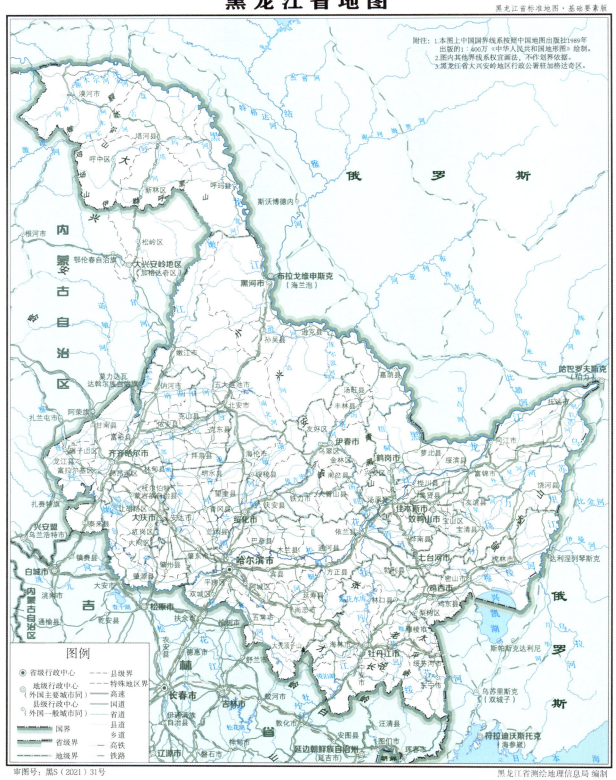

第一卷附图 3-8 黑龙江省标准地图

第一卷图片来源

第一卷图 1-1 源自：百度官网.
第一卷图 1-4 源自：姜红拍摄.
第一卷图 2-2 源自：陈海波提供.
第一卷图 3-1 源自：陈海波提供.
第一卷图 3-2 至图 3-4 源自：刘君德等提供.
第一卷图 9-6 源自：华林甫拍摄.
第一卷图 9-7 至图 9-9 源自：华林甫拍摄.
第一卷图 13-1 源自：刘泽勤拍摄.
第一卷图 13-3 源自：华林甫拍摄.
第一卷图 18-8 源自：吴其宝拍摄.
第一卷图 22-11 源自：姜红拍摄.
第一卷图 23-1 源自：何沛霖拍摄.
第一卷图 23-2 源自：白冰冰提供.
第一卷图 24-1 源自：刘君德摄影拼图.
第一卷图 24-3 源自：（左）刘君德提供；（右）《天津市国土空间总体规划（2021—2035 年）》.
第一卷图 24-4 源自：白冰冰拍摄.
第一卷图 24-5 源自：（左）白冰冰拍摄；（右）姜红拍摄.
第一卷图 24-6、图 24-7 源自：白冰冰拍摄.
第一卷图 27-0 源自：姜红提供.
第一卷图 29-1 源自：百度官网.
第一卷图 32-7 源自：刘君德等提供.
第一卷图 34-3 源自：刘泽勤拍摄.
第一卷图 34-5 源自：刘君德、张俊芳拍摄.
第一卷图 35-1 源自：华林甫拍摄.
第一卷图 35-4 源自：刘君德、华林甫拍摄.
第一卷图 36-1 至图 36-7 源自：杨贺拍摄或提供.
第一卷图 38-1、图 38-2 源自：刘君德、刘泽勤拍摄.
第一卷图 46-21 源自：崔庆仙拍摄.
第一卷图 48-1 源自：刘泽勤提供.
第一卷图 48-3 源自：崔庆仙拍摄.
第一卷图 48-5 源自：刘君德、崔庆仙拍摄.

第一卷图 48-7 源自：崔庆仙拍摄.

第一卷图 48-9 源自：刘君德、崔庆仙拍摄.

第一卷图 48-10 源自：崔庆仙拍摄.

第一卷图 48-14 至图 48-16 源自：刘君德、崔庆仙拍摄.

第一卷图 49-3 至图 49-7 源自：崔庆仙拍摄.

第一卷图 50-4、图 50-5 源自：崔庆仙拍摄.

第一卷图 51-2 源自：刘君德、崔庆仙拍摄.

第一卷图 51-5 源自：崔庆仙拍摄.

第一卷图 51-6 源自：崔庆仙、刘君德拍摄.

第一卷图 52-1、图 52-2 源自：崔庆仙拍摄.

第一卷图 52-6 源自：崔庆仙拍摄.

第一卷图 52-10 至图 52-12 源自：崔庆仙拍摄.

第一卷图 53-1 至 53-3 源自：崔庆仙拍摄.

第一卷图 54-1 源自：崔庆仙、刘君德拍摄.

第一卷图 54-2 源自：崔庆仙拍摄.

第一卷图 54-3 源自：崔庆仙、刘君德拍摄.

第一卷图 54-4 至图 54-6 源自：崔庆仙拍摄.

第一卷图 54-7、图 54-8 源自：刘泽勤提供.

第一卷图 55-1 源自：崔庆仙拍摄.

第一卷图 55-2 源自：刘君德、崔庆仙拍摄.

第一卷图 56-0 源自：刘泽勤提供.

第一卷图 58-1 源自：史卫东拍摄.

第一卷图 58-4 源自：（左）百家号网站；（右）史卫东提供.

第一卷图 58-7 源自：路百渠、傅育朴提供.

第一卷图 58-8、图 58-9 源自：路百渠提供.

第一卷图 62-19 源自：王艺芳提供.

第一卷图 63-1 源自：（左）刘君德拍摄；（右）郭刚拍摄.

第一卷图 63-2、图 63-3 源自：郭刚提供.

第一卷图 63-4 源自：史卫东提供.

第一卷图 63-6 至图 63-10 源自：史卫东提供.

第一卷图 65-1 源自：郭刚提供.

第一卷图 68-1 源自：刘泽勤拍摄.

第一卷图 69-2 至图 69-4 源自：刘泽勤、刘君德拍摄.

第一卷图 69-6 源自：刘泽勤拍摄.

第一卷图 70-1 至图 70-3 源自：刘君德、马祖琦提供.

第一卷图 70-12 源自：刘泽勤拍摄.

第一卷图 78-8、图 78-9 源自：刘泽勤拍摄.

第一卷图 79-1 源自：吴健平据吉林省地理信息公共服务平台官网，吉林省自然资源厅/吉林省航测遥感院. 审图号：吉 S（2020）204 号完善提供.

第一卷图 85-1 至图 85-4 源自：俞立中提供.

第一卷图 86-2、图 86-3 源自：俞立中提供.

第一卷图 91-4 源自：刘君德、刘泽勤拍摄.

第一卷图 91-6 源自：刘君德、刘泽勤拍摄.

第一卷图 91-7 源自：刘泽勤拍摄.

第一卷图 92-1 源自：刘泽勤拍摄.

第一卷图 93-2 源自：刘泽勤拍摄.

第一卷图 93-7 源自：刘君德、刘泽勤拍摄.

第一卷图 94-3 源自：刘泽勤拍摄.

第一卷附图 1 源自：吴健平据（国家）标准地图服务官网．自然资源部．审图号：GS（2016）2889 号完善提供．

第一卷附图 2 源自：吴健平据（国家）标准地图服务官网．自然资源部．审图号：GS（2016）2889 号完善提供．

第一卷附图 3-1 源自：北京市地理信息公共服务平台官网．北京市规划和自然资源委员会/北京市民政局．审图号：京 S（2024）032 号．

第一卷附图 3-2 源自：天津市地理信息公共服务平台官网．天津市测绘院有限公司．审图号：津 S（2022）005．

第一卷附图 3-3 源自：河北省地理信息公共服务平台官网．河北省自然资源厅/河北省制图院．审图号：冀 S［2020］030 号．

第一卷附图 3-4 源自：山西省地理信息公共服务平台官网．山西省自然资源厅．审图号：晋 S（2021）005 号．

第一卷附图 3-5 源自：山东省地理信息公共服务平台官网．山东省自然资源厅/山东省地图院．审图号：鲁 SG（2023）026．

第一卷附图 3-6 源自：辽宁省地理信息公共服务平台官网．辽宁自然资源厅/辽宁省地理空间成果应用中心．审图号：辽 S（2023）013 号．

第一卷附图 3-7 源自：吉林省地理信息公共服务平台官网．吉林省自然资源厅/吉林省航测遥感院．审图号：吉 S（2020）203 号．

第一卷附图 3-8 源自：黑龙江省地理信息公共服务平台官网．黑龙江省测绘地理信息局．审图号：黑 S（2021）31 号．

说明：上述未提及的图片为本书作者刘君德拍摄或提供。

第一卷后记

中国东部北区，是个纬度跨度和地理环境结构差异较大的自然—人文—经济类型区域。三大"行政—经济区"都要从各自的地理优势和特点出发，明确省域发展方向，找准自身的薄弱环节，制定（修订）符合实际、切实可行的省域空间规划，补短板，推出针对性、关键性举措，加快发展步伐。

位于中部的京津冀是制定国家发展方略（包括时间和空间）的智慧中枢，将继续担当"领头羊"的角色，引领大区域，乃至国家的发展和进步。

我以为，在相当长时期内，京津冀核心区在发展中要更加注重科技创新，进一步集聚高层次人才，注重提升品质，提高劳动产出率和土地产出率，特别是要从根本上解决好河北平原由于过度开发、水源不足导致的地下水位持续下降、地基沉降的突出矛盾，实现可持续发展；辽吉黑要从源头上采取措施解决人才、人口净流出的问题；山东在强化北向联系的同时，要注意顺应沿海大通道自然发展的规律，顺势而为；山西近期的着力点要继续练好内功，夯实基础，生态、经济两手抓，加快发展。

加强三大区域内外的生态与经济的联系，是东部北区发展的永恒主题。一是大区域内部的经济和人流及生态系统的统一谋划；二是大区域外部（国内外）的交通和经济及生态的和谐共生。

本卷的写作中：吴健平教授协助提供了中国地理分区图一、分区图二及各省区市的标准地图；俞立中、崔庆仙、马海龙、丁爱芳、姜红等提供了大力支持；在黑龙江、吉林、辽宁考察中，刘泽勤协助安排了生活，拍摄了许多照片；华林甫教授、许海洋硕士协助进行了书稿清样的校对工作。在此，一并致谢！